W0311132

Ernst Vogt, Stefan Frühbeis, Andrea Zinnecker, Florian Bihler, Thomas Hainz

südtirol

das etwas andere Wanderbuch

Ernst Vogt, Stefan Frühbeis, Andrea Zinnecker, Florian Bihler, Thomas Hainz
südtirol
das etwas andere Wanderbuch
blv

Südtirol – das etwas

Eisacktal und Wipptal

Pustertal mit Seitentälern

Besser auskennen

- Leichte bis mittelschwere Wanderung
- Mittelschwere Wanderung
- Schwere Wanderung
- Kultur zu besichtigen
- Panorama und Natur genießen
- Gute Einkehrmöglichkeit
- Besonders geeignet für Kinder

andere Wanderbuch

Bozen und Umgebung

Dolomiten

Vinschgau und Meraner Land

Südtirols Süden

Vorwort

Warum ist Südtirol ein besonderes Wanderland? Weil der Duft von Espresso über seine Almen zieht? Oder weil es im Vinschgau mit 315 Sonnentagen im Jahr genauso wenig regnet wie in Sizilien? Antworten gibt es viele. Man hat Südtirol als das »Wohnzimmer« der Deutschen bezeichnet, aber vielleicht ist »Wintergarten« treffender. Denn über den Brenner fahren wir besonders gern, wenn es bei uns noch nicht warm genug ist, um den Cappuccino draußen zu genießen. Oder auch im Spätherbst, wenn dicker Nebel das Ende der Wandersaison nördlich der Alpen ankündigt.

Südtirol ist eine Herzensangelegenheit, hat zu tun mit dem angenehmen Gefühl, die Seele baumeln zu lassen und dem mediterranen Raum näher zu sein, aber auch mit Naturverbundenheit. Draußen sein und mit allen Sinnen genießen: das duftende Heu und den Gipfelrundblick, das selbst gebackene Brot und den kalten Bergsee. Südtirol verbinden wir mit der Apfelblüte im April, wenn die Berggipfel noch schneebedeckt sind und das Tal in ein Meer aus weiß-rosa Blüten getaucht ist.

Genuss und Erholung können so einfach sein: Wandern abseits der ausgetretenen Touristenpfade, in den Sarntaler Alpen etwa oder im Ulten- und Ahrntal, hausgemachte Knödel auf der Hüttenterrasse und dazu ein Glas Wein oder frischen Holundersaft. Selbst Südtirol-Kenner sind immer wieder

überrascht, welch »verborgene Schätze« sich hinter den bekannten Namen verbergen. Oder kennen Sie die Berge und Touren zwischen der Salurner Klause und Bozen?

Fünf Autoren haben sich aufgemacht, um Südtirol zu Fuß zu entdecken. Besser gesagt: wieder zu entdecken. Fünf Radiojournalisten, die eines eint: ihre Passion für Südtirol und seine Berge. Und die ihre Leidenschaft auch ausleben, die seit Jahren und Jahrzehnten zwischen Roßkopf und Fennberg, zwischen Ortler und den Drei Zinnen unterwegs sind. So ist dieses etwas andere Wanderbuch entstanden, abwechslungsreich geschrieben, mal reportagehaft, mal erzählerisch, mal beschreibend im Stil klassischer Wanderführer. Das Spektrum der Touren reicht von der leichten Halbtageswanderung mit ganz geringen Höhenunterschieden wie den Waalwegen im Vinschgau bis zur anspruchsvollen Bergtour. Es ist ein Familienwanderbuch, denn wir waren weniger als Gipfelstürmer denn als Genusswanderer unterwegs.

Die Mischung macht's – das gilt besonders für Südtirol: die Mischung zwischen Bodenständigkeit und »Dolce vita«, zwischen tirolerisch und italienisch, zwischen alpinem Ambiente und mediterranem Klima. Das gilt auch für dieses Wanderbuch. Die Touren sind so vielfältig wie die Landschaft, mal dürften sie Ihnen gänzlich unbekannt vorkommen, mal sind es Klassiker mit neuen Aspekten.

Wir wollen Ihnen Lust machen, in Südtirol zu Fuß unterwegs zu sein und das Wandern zu genießen.

Viel Vergnügen, beim Lesen und in den Bergen!

Ihr Autorenteam

Wo Keschtn, Kunst und Reben blühen

Eisacktal und Wipptal

1

Der Brixner Höhenweg

Schöne Aussichten auf das Eisacktal

Man muss ja nicht immer steil bergauf wandern. Wer es lieber gemütlich mag, unterwegs die herrliche Aussicht auf die umliegende Bergwelt genießen will, für den ist der Brixner Höhenweg genau richtig. An der Westflanke der Plose, des mächtigen Brixner Hausbergs, führt dieser Rundwanderweg entlang. Die notwendige Höhe gewinnt man mit der Seilbahn von St. Andrä hinauf zum Kreuztal. Dort beginnt dann der eigentliche Rundwanderweg, der entlang der Baumgrenze und teilweise auch durch felsiges Gelände verläuft und in der zweiten Hälfte gut 1100 Höhenmeter bergab führt.

Bis nach St. Andrä fährt man mit dem Auto über den Brixner Ortsteil Milland über eine kurvenreiche Straße. St. Andrä ist ein idyllisch gelegenes Dorf auf knapp 1000 Meter Höhe. Hier ist auch die Talstation der Seilbahn hinauf zum Kreuztal (2023 m). Von der Bergstation folgt man nun dem Wanderweg 30 (= Brixner Höhenweg) nach Norden. Zunächst verläuft der gut ausgebaute Weg etwas bergauf, führt dann über einen kleinen Sattel am Westhang des Schönjöchls und quert dann den Trametschbachgraben unterhalb der Plosehütte. Der Weg verläuft ziemlich gleichmäßig auf einer Höhe von knapp über 2000 Metern, durchquert Mulden und Gräben unterhalb des Telegraphs, des 2472 Meter hohen Hauptgipfels der Plose. Nach etwa 2 Stunden Gehzeit erreicht man die Ochsenalm (2085 m), eine urige Hütte, von der man eine herrliche Aussicht auf die alte Bischofsstadt Brixen und das Eisacktal genießt. An klaren Tagen kann man vom Brixner Höhenweg nicht nur die Sarntaler Alpen erkennen, sondern auch im Nordwesten und Norden die Stubaier und Zillertaler Alpen. Die Ochsenalm ist ideal für eine Einkehr, denn fortan verlässt der Weg die Höhe. Für den zweiten Abschnitt talwärts und zurück nach St. Andrä muss man mit etwa 2–3 Stunden Gehzeit rechnen. Der erste Abstieg verläuft auf dem Wanderweg 6 über Almwiesen hinunter nach Ackerboden. Weiter geht es dann auf dem Weg 6 in Richtung Süden talwärts durch Waldpassagen und über Bergwiesen bis zum Weiler St. Leonhard (1095 m). In

info

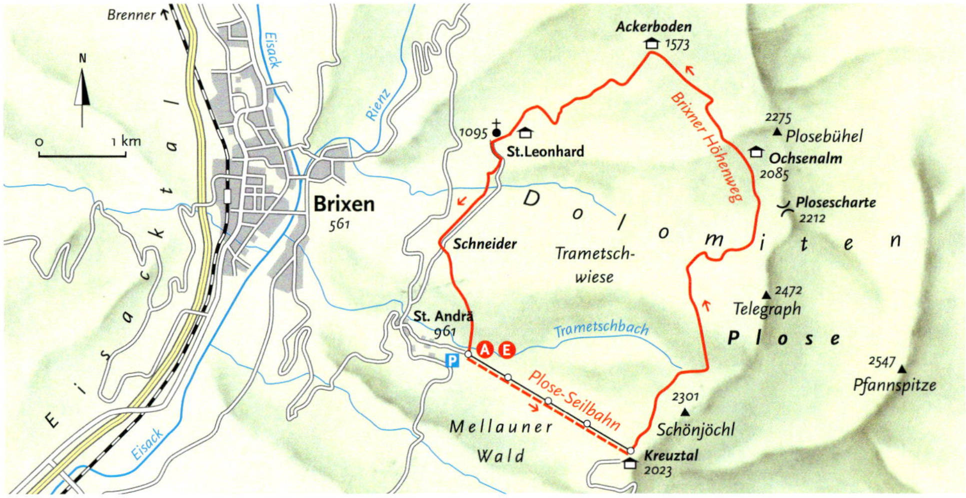

Höhenwanderung
100 Höhenmeter Aufstieg, 1100 Höhenmeter Abstieg
Mit Kindern ab 12 Jahren

Ausgangsort: St. Andrä (961 m) bei Brixen

Charakter: Leichte, gemütliche Höhenwanderung mit grandiosen Ausblicken auf Eisacktal und Sarntaler Alpen

Beste Zeit: April bis Oktober

Gehzeit: 4–5 Std.

Einkehr: Ochsenalm (2085 m); Plansoler (1095 m) in St. Leonhard

Verlauf: St. Andrä – Kreuztal – Ochsenalm – St. Leonhard – St. Andrä

Karten: Tabacco Wanderkarte 030, Brixen – Villnösstal, 1:25 000; Kompass Wanderkarte 56, Brixen, 1:50 000

Sonstiges: • Tourismusverband Eisacktal, Tel. 04 72/80 22 32, www.eisacktal.com, E-mail info@eisacktal.info

St. Leonhard gibt es nicht nur die Pfarrkirche zum Heiligen Leonhard zu besichtigen, sondern auch noch eine weitere Einkehrmöglichkeit beim Plansoler.
Für das letzte Stück zurück nach St. Andrä wandert man zunächst ein Stück auf der Straße und folgt dann kurz nach der Pension Burgstall dem beschilderten Wanderweg, der rechts ziemlich eben durch den Wald führt. Später kommt man am Sportplatz vorbei, läuft dann ein Stück auf der asphaltierten Straße und folgt bei der Gabelung rechts dem Weg am Moserhof vorbei und erreicht nach einem Waldstück die Talstation in St. Andrä.

Schön ist der Höhenweg auch bis spät in den Herbst hinein, wenn sich die Blätter der Alpenrosen und Preiselbeeren rotbraun verfärben.

Hans Kammerer, Kartograph und Wanderexperte aus Brixen

Die sonnenreichen Hänge am Fuße der Plose sind ideal für gemütliche Wanderungen.

Gemeinsames Suchen des richtigen Weges

Wenn die Alpenrose blüht

Von Ende Juni bis Mitte Juli verwandeln sich die Wiesen entlang des Brixner Höhenweges in ein Blütenmeer. Für viele Wanderer ist dann die schönste Zeit angebrochen: die Blütezeit der Alpenrose. Dieses Heidekrautgewächs, das große rote Blüten hat und auch als Rhododendron bezeichnet wird, verwandelt die Bergwiesen in einen farbenkräftigen Teppich. Sozusagen das i-Tüpfelchen auf einer Wandertour, die ohnehin nicht mit optischen Reizen geizt.

2

Königsanger hoch über der Bischofsstadt

Knödelparadies auf der Hüttenterrasse

Wenn im Sommer in Brixen das Leben tobt, wenn in den Cafés unter den altehrwürdigen Lauben der Bischofsstadt kaum mehr ein Platz zu finden ist, dann wirft so mancher einen sehnsuchtsvollen Blick nach oben zum Hausberg, dem Hundskopf. Warum nicht der 30-Grad-Hitze des Tales entfliehen und in die 20-Grad-Annehmlichkeit der Höhe hinaufsteigen? Italienische Mode und Schuhe gibt es später auch noch und nach einer Bergtour lässt es sich beim »Finsterwirt« oder »Fink« ganz ausgezeichnet speisen.

Die neunjährige Julia aus Bremen war mit ihren Eltern nur der Berge wegen ins Eisacktal gekommen. Vom Perlungerhof (1393 m), der über Tils und Gereut von Brixen aus in 20 Minuten mit dem Auto zu erreichen ist, sind sie 3 Stunden lang auf dem gut markierten Weg Nr. 8 zum Radlseehaus (2284 m) aufgestiegen. Es ging gemütlich los und wurde zur Kompatschwiese hin etwas steiler. Doch das letzte, waldfreie Stück unterhalb der Materialseilbahn stellte die Wanderkondition der »Nordlichter« auf die Probe. Ein Glas selbst gemachter Hollersaft und ein paar Gabeln Topfenschmarrn von Mamas Teller haben Julias Müdigkeit rasch vertrieben. Dann ist sie mit ihrer Schwester in wenigen Minuten zum Radlsee hinuntergelaufen. Ein kurzes Fußbad: »Uiii, ist der kalt«, und dann war klar: Heute wird nicht mehr gewandert, heute werden Boote gebaut, um sie auf dem 2284 Meter hoch gelegenen See schwimmen

Der sagenumwobene Radlsee

Hüttenterrasse mit Panoramablick

zu lassen. Am nächsten Tag wieder eine angenehme Überraschung für die Kinder: »Das Gipfelkreuz ist so nah!« In einer guten halben Stunde sind sie von der Hütte aus über den Grat auf die 2439 Meter hohe Königsangerspitze gestiegen; der Eintrag ins Gipfelbuch ist Ehrensache.

Gipfelstürmer und Höhenmetersammler sind hier fehl am Platz, Wandergemütlichkeit ist angesagt. Wer einmal auf dem Radlseehaus angekommen ist, der kann die 2000-Meter-Etage der Sarntaler Alpen erwandern. Hüttenziele sind die Schrüttenseen, Klausner Hütte, Latzfonser Kreuz, Lorenzispitze und Kassianspitze. Weitwanderer kommen über das Penserjoch bei Sterzing und gehen weiter zum Rittner Horn.

Wenn die Kinder hinter der Hütte schaukeln, haben die Eltern Gelegenheit zum Schauen. Die Hüttenterrasse schlägt so ziemlich jeden Aussichtsbalkon. Auf der gegenüberliegenden Seite des Eisacktals, in dem sich die Brenner-Autobahn wie ein von Spielzeugautos befahrenes graues Band ausnimmt, liegen – kaum 10 Kilometer Luftlinie entfernt – die Dolomiten.

Das Radlseehaus ist eine Hütte wie aus dem Bilderbuch, mit Zirbenholzstuben, bemalten Holztüren und rot karierter Bettwäsche. Wer nach diesem herz- und geisterfrischenden Höhenausflug wieder nach Brixen zurückkehrt, wird seiner Frau großzügig die modische Handtasche kaufen, von der sie seit Beginn des Urlaubs träumt …

Mit allen Sinnen genießen

Satt sehen können sich die Bergsteiger wohl kaum an dem Gipfelpanorama vom Heiligkreuzkofel über die Villnösser Geislerspitzen, Sella, Marmolada und Langkofel bis zum Schlern. Satt essen schon. Paul und Regina Willeit wissen, was Hüttengäste schätzen und übertreffen die Erwartungen bei weitem. Das Brot wird selbst gebacken – wann hat man schon duftendes Nussbrot auf dem Frühstücksteller? Gemüse und Fleisch, die von den Bauern im Tal stammen, werden frisch zubereitet wie die Kuchen und Strudel. Jeden Donnerstag ist Knödeltag und Hüttenwirtin Regina zaubert neun verschiedene, je nach Gusto. Auch die Einheimischen fühlen sich bei frisch gemachten Speck-, Kas-, Spinat- und Buchweizenknödeln wie im Südtiroler Essparadies, aber die Insider heben sich noch einen kleinen Hunger für den Nachtisch auf: für süße Erdbeer-, Marillen- und Zwetschgenknödel.

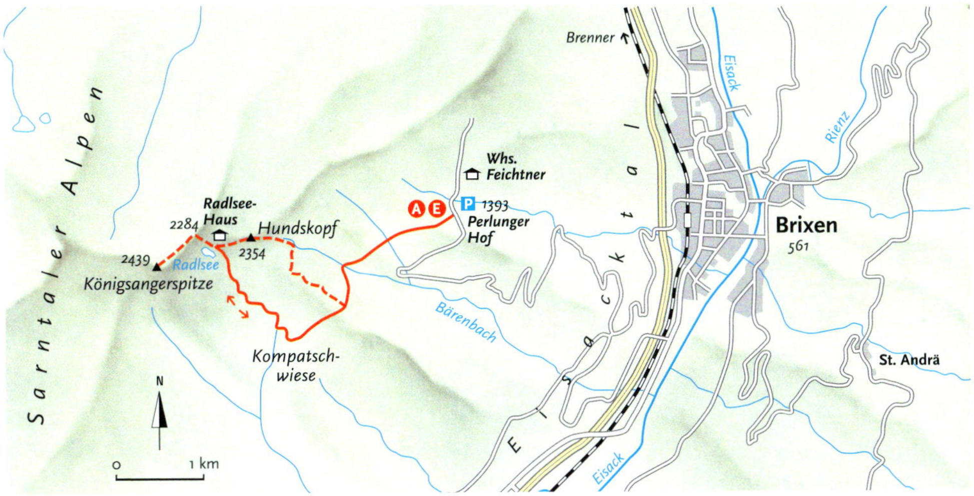

Bergtour
Ca. 1050 Höhenmeter
Mit Kindern ab 8 Jahren

Ausgangsort: Perlunger Hof (1393 m) oberhalb von Brixen

Charakter: Aussichtsreiche Wanderung ohne alpine Schwierigkeiten, gut geeignet für Familien mit einigermaßen konditionsstarken Kindern

Beste Zeit: Frühsommer und Herbst

Gehzeit: Aufstieg 2 ½–3 ½ Std., Abstieg 2–3 Std.

Einkehr: Radlseehaus (2284 m, geöffnet Mitte Mai – Allerheiligen)

Verlauf: Perlunger Hof – Radlseehaus – Königsangerspitze – Radlseehaus – Perlunger Hof

Varianten: Landschaftlich interessanter, aber anstrengenderer Aufstieg: nach einer guten Stunde beim Holzkreuz im Wald rechts abzweigen und Weg Nr. 8A über den Hundskopf (2354 m) zur Hütte folgen

Karte: Kompass Wanderkarte 56, Brixen, 1:50 000

Sonstiges: • Tourismusverein Brixen, Tel. 0472/836401, www.brixen.org, E-mail info@brixen.org
• Wassertemperatur des Radlsees im August 17 bis 18 Grad

Kreuzwiese und Campiller Berg

... oder Kräuterduft im Reich der Ragginer

info

Bergwanderung
970 Höhenmeter
Mit Kindern ab 12 Jahren

Ausgangsort: Rungg (1150 m) oberhalb von Lüsen (981 m)

Charakter: Anspruchsvolle und panoramareiche Wanderung über Almgelände

Beste Zeit: Juni bis Anfang Oktober

Gehzeit: Aufstieg 3–4 Std., Abstieg 3 Std.

Einkehr: Kreuzwiesenhütte (1925 m)

Verlauf: Rungg – Gargitthof – Bacheralm – Kreuzwiesenhütte – Campiller Berg – Genaider Alm – Flitt – Rungg

Variante: Verkürzte Rundtour ab/bis Parkplatz Schwaigerboden (1703 m) oberhalb von Flitt; 1 Std. weniger

Karte: Kompass Wanderkarte 56, Brixen, 1:50 000

Sonstiges: • Tourismusverein Lüsen, Tel. 0472/413750, www.luesen.com, E-mail info@luesen.com
• Kräuter-Produkte nach Ragginer Tradition gibt es im Schmiedthof in St.Andrä/Brixen, Tel. 0472/833505
• Wellness nach Ragginer Art mit Heu- und Apfelbädern bietet das Natur- und Wanderhotel Lüsner Hof in Lüsen, Tel. 0472/413633, www.naturhotel.it

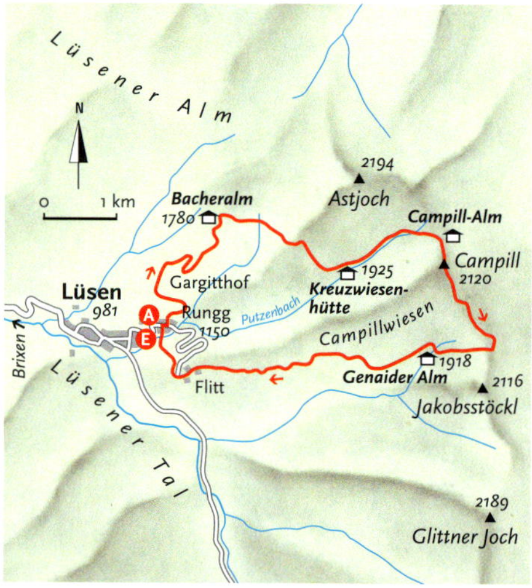

Es riecht grün und zugleich ein wenig bitter, nach Wermut. Rund um den Gargitthof schießt die Heilpflanze regelrecht ins Kraut. Heute ist der Einödhof verfallen. Einst war er der Kräuterhof der Ragginer. Von 1780 an kurierten die berühmten Bauernärzte aus Lüsen über vier Generationen lang Mensch und Vieh mit ihrer Naturmedizin zwischen Homöopathie und Hexerei.

> Wider Todts Macht und Gewalt, sag ich zu dieser Frist, niemahlen ein Arzney oder Kraut gewaxen ist.
>
> *Sebastian Ragginer, 1871*

Der Name Gargitt kommt übrigens von »gorgetto« und bedeutet kahler Hügel. In sonniger Lage thront die Hofruine auf 1510 Meter Höhe über dem Lüsener Tal. Von Rungg (1150 m) schraubt sich der Weg schweißtreibend steil am Gargitthof vorbei durch den dichten, tobelreichen Höllenwald hinauf zur Bacheralm (1780 m) und führt dann weniger kräftezehrend zur Kreuzwiesenhütte (1925 m) am Rand der ausgedehnten Hochfläche der Lüsener Alm. Die 1933 eröffnete Hütte ist Etappenziel auf dem Weitwanderweg München–Venedig und eine urige Einkehrstation. Wettergegerbt, windschief und wildromantisch. Charismatisch knarzend in jeder Fuge. Ein Hauch von Wildwest. Oder anders gesagt: Prärie-Feeling mit Lärchenholzduft. Das eine kommt von den Schindeln am neuen Almgebäude, das neben gemütlichen Übernachtungslagern auch bald eine kleine Käserei beherbergen wird; das andere von den weiten baumlosen Graskuppen am Astjoch und Campiller Berg. Statt Cowboys gibt es jedoch Kaminwurzn und

Kreuzwiesenhütte mit Stubaier Alpen am Horizont

Kreuzwiesenhütte mit Campiller Berg im Hintergrund →

Kaiserschmarrn – schließlich hat schon der Großvater von Hüttenwirt Herbert Hinteregger in Franzensfeste für Kaiser Franz Joseph als Kapellmeister den Ton angegeben.
Später hat er dann die Kreuzwiesenhütte errichtet, auf dem angeblich schönsten Fleck der Lüsener Alm. Wer sich auf den rauen, rissigen Holzbänken in der Wiese vor der Hütte die Brotzeit schmecken lässt, glaubt das gern. Das Breitwand-Panorama reicht vom Peitlerkofel über die Puezgruppe, die Aferer Geiseln und den Plosekamm bis zu den vergletscherten Gipfeln der Stubaier Alpen.
Edelvernatsch mit Zuckerhütl-Blick. Die Zeit bleibt stehen, der Weg geht weiter: von der Kreuzwiesenhütte auf den Campiller Berg. Man muss nur den Trittspuren folgen – und den Kuhfladen. So lange, bis ein breiter Schotterweg erreicht ist, der über den Höhenrücken in Richtung Jakobsstöckl führt.
Dort soll der Legende nach der heilige Jakobus gerastet und gebetet und seinen Knieabdruck bis heute sichtbar in einem Felsen hinterlassen haben. Bestimmt hat er auch auf dem Campiller Berg (2120 m) eine Wanderpause eingelegt und den grandiosen 360-Grad-Blick genossen, auf Ötztaler und Stubaier Alpen, auf die Rieserfernergruppe und den Zillertaler Hauptkamm, hinab in den Talkessel von Bruneck und hinein nach Enneberg und in die sagenumwobene Fanes, auf Heiligkreuzkofelgruppe und Geislerspitzen und auf den Silberfirn der Marmolada im Süden. Dolomiten-Magie vom Feinsten! Nur Sitzen und Schauen. Und sich dann zum Abstieg aufraffen. Kurz vor dem Jakobsstöckl zweigt der Weg ab zur Genaider Alm (1918 m) und führt über Flitt nach Rungg zurück.
Bald kommt der renovierte Kleinkaneidhof in Sicht, früher ebenfalls im Besitz der Ragginer.

Wegweiser an der Kreuzwiesenhütte

Wanderwellness nach Ragginer Art

Maria Ragginer, die letzte Nachfahrin der Naturdoktoren, starb 1975. Im welligen Almgelände rund um Lüsen hat sie vor allem Beinwell gesammelt. Kräuterprodukte nach Ragginer-Rezepten gibt es am Schmiedthof in St. Leonhard bei Brixen: Kräuterkissen und Duftsäckchen, Schnaps- und Gewürzkräuter und Kräutertees mit so verheißungsvollen Namen wie Bergwind, Luftikus oder Raureif. So manchen wird nach dem steilen Wald-Abstieg über Flitt nach Rungg ein gehöriger Muskelkater plagen. Am besten auskurieren lässt er sich in der originellen Saunalandschaft des Natur- und Wanderhotels Lüsener Hof, mit Heu- und Apfelbädern oder einfach nur im Naturbadeteich mit Peitlerkofelblick.

4

Glatschalm und Gschnagenhardtwiese

Wie man Felsen und Frittaten unter einen Rucksack bringt

info

Halbtageswanderung
410 Höhenmeter
Mit Kindern ab 10 Jahren

Ausgangsort: Parkplatz Zanser Alm (1680 m, Parkgebühr: 3,50 Euro) bei St. Magdalena im Villnößtal

Charakter: Landschaftlich abwechslungsreiche Genusswanderung ohne Schwierigkeiten

Beste Zeit: Mitte Juni bis Mitte Oktober

Gehzeit: Aufstieg 2–2 ½ Std., Abstieg 1 ½ Std.

Einkehr: Glatschalm (1902 m); Neue Gschnagenhardt-Hütte (2000 m)

Verlauf: Zanser Alm – Glatschalm – Adolf-Munkel-Weg – Neue Gschnagenhardt-Hütte – Duslerhütte – Glatschalm – Zanser Alm

Variante: Von der Zanser Alm über die Gampenalm (2062 m) zum Adolf-Munkel-Weg, 1 ½ Std. längere Gehzeit

Karte: Kompass-Wanderkarte 56, Brixen, 1:50 000

Sonstiges: • Tourismusverein Villnöß, Tel. 04 72/84 01 80, www.villnoess.com, E-mail info@villnoess.com
• Info-Hütte am Parkplatz mit gutem Kartenmaterial, Postkarten und Busfahrplänen

Meter um Meter wächst der Felszahn der Furchetta zwischen den dunklen Tannen empor. Furcht erregend und fantastisch. Die Schritte knirschen gleichmäßig auf dem breiten Schotterweg hinauf zur Glatschalm.
Gleich hinter der Brücke über den Zenonbach steigt der Weg (Markierung Nr. 33) steil an und für den Wanderer beginnt das Schnaufen und Schwitzen im Angesicht der 3030 Meter hohen Furchetta, des zweithöchsten Gipfels der Geislerspitzen. Kühlung verschafft ein kleiner Brunnen am Wegesrand, dem das Wasser in Lärchenholzrinnen zuläuft. Nach 220 Höhenmetern kommt die Glatschalm (1902 m) in Sicht. Der Wald lichtet sich zu einer sanft gewellten Almwiese. Im Gegensatz zum Wanderer würdigt das Jungvieh das Bilderbuch-Panorama mit keinem Blick.
Direkt vor der Hüttenterrasse liegen Campiller Turm, Wasserkofel, Odla di Valussa, Furchetta, Sass Rigais, Mittagsscharte, Villnösser Türme, Große und Kleine Fermeda und Rote Wand – kurzum: die Geislergruppe in voller Pracht und Breite. In voller Blüte steht auch das liebevoll gepflegte – Finger weg! – Edelweißbeet im Krautgarten der Glatschalm.
Auch die holzgeschindelte Kapelle lohnt einen Blick und eine Rast auf der Bank davor in erhöhter Panorama-Position.
Genug der Muße. Nächstes Ziel ist die Gschnagenhardtwiese samt neuer Hütte. Dazwischen liegt der Adolf-Munkel-Weg (Markierung Nr. 35). Bergauf – bergab im besten Sinn. Immer dicht unter den mächtigen Felstürmen der Geislerspitzen. Im Gegenlicht der Mittagssonne wirken sie wie versteinerte Riesen. Der Adolf-Munkel-Weg schlängelt sich durch Moospolster und Mondviolen, um Föhren, Fichten und Findlingsblöcke herum. Zauberhände scheinen die Felstrümmer verteilt zu haben. Ergebnis eines magischen Würfelspiels und ein Abenteuerspielplatz für Kinder.
Je weiter der alpine Genusspfad nach Westen führt, desto öfter gewährt er einen Tiefblick in canyonartige Abbrüche am Fuß von Sass Rigais und Fermeda. In den Geröllfeldern sind fast immer Gämsen zu entdecken.
Keine Frage, der wohl schönste Abschnitt des Höhenwegs verläuft zwischen der Glatschalm und der Gschnagenhardtwiese. Markiert von nagelneuen Holzschildern, zweigt vom Adolf-Munkel-Weg nach rund einer Gehstunde der Wiesenpfad zur Neuen Gschnagenhardt-Hütte (2000 m) ab.

Die Neue Gschnagenhardt-Hütte

Spielwiese für Alpinromantiker

Gschnagenhardt kommt von »Gschmagenhaid«. Ein alter ladinischer Name. Die erst im Juli 2003 eröffnete Hütte ist ein schmuckes Kleinod am unteren Rand einer märchenhaften Almwiese mit Lärchen, Zirben und großen Findlingen. In jedem Fall eine Spielwiese für Träumer und Alpinromantiker aller Altersstufen. Die überaus einladende, lärchenholzverschalte Hütte steht Auge in Auge mit den imposanten Felsgebilden der Geislergruppe. Der Kontrast von grüner Wiese und schroffen Felsen hat hier seinen ganz besonderen Reiz.

Zu den kulinarischen Offenbarungen auf der Neuen Gschnagenhardt-Hütte zählt zum einen die safrangewürzte Speckknödelsuppe, zum anderen die Frittatensuppe. Standhaft weigert sich Konrad Profanter, der Hüttenwirt, das Geheimnis der dicken, aber luftigen und herrlich eiweißschaumigen Frittaten preiszugeben, deren Rand so knusprig ist wie der Latschenschnaps süffig. Dagegen philosophiert er durchaus gern über den kleinen, aber feinen Unterschied zwischen Latschenschnaps und Zirbenschnaps. Ersterer ist öliger und weicher, Letzterer harziger und schärfer im Aroma.

Auch wenn es schwer fällt, sich von diesem paradiesischen Platz zu trennen, so lässt doch der Rückweg über die Duslerhütte zur Glatschalm und Zanser Alm rein panoramamäßig keine Wünsche offen.

Wie im Paradies, sag i allaweil. Wandern, Rotwein und meine liebe Gattin!

Heini, pensionierter Banker aus München

Imposant erhebt sich über der Gschnagenhardtwiese der Sass Rigais.

Keschtnweg und Säbener Klosterberg

... oder wie man Kunst und Knödel genießt

Wanderer kommst du nach Feldthurns, dann schau dir das Renaissanceschloss samt Heimatmuseum an. Die Decken- und Wandtäfelungen und die kostbaren Intarsienarbeiten an den Portalen sind ein Muss für Kulturbeflissene.
Kardinal Christoph von Madrutz sei Dank, dass er sein 1578 errichtetes Schloss überschaubar gehalten hat und dem Wanderer nicht allzu viel Zeit raubt. Ein wenig Zeit aber muss sein für einen beschaulichen Spaziergang durch die Dorfmitte von Feldthurns mit den malerischen Ansitzen und idyllischen Winkeln.
Am südlichen Dorfausgang beginnt der alte Wallfahrtsweg nach Kloster Säben. Er ist identisch mit der zweiten Etappe des 60 Kilometer langen Keschtnwegs vom Vahrner See bei Brixen nach Schloss Runkelstein in Bozen. Somit weisen gleich zwei Markierungen den Weg: die alte rotweiße Nr. 12 und das neue grünbraune Kastanien-Symbol. Da passt es gut, dass am Beginn der Wanderroute auf der einen Seite zwei mächtige alte Kastanienbäume stehen und diesen Naturdenkmälern gegenüber sich das Antoniuskirchlein mit seinem hochbarocken Altar und dem holzgeschindelten Türmchen befindet. Von dieser Stelle geht es in Richtung Säbener Klosterberg. Mit Unterbrechungen – allerdings weniger durch Gebete als vielmehr durch anderweitige geistvolle Genüsse.

Klausen mit Burg Branzoll und Säbener Gnadenkapelle

Wegweiser in Pardell mit Keschtn-Symbol

In der höchstgelegenen Weinkellerei des Eisacktals

Kurz nach Feldthurns führt der Weg am Radoarhof (850 m) mit seinem erst im Frühjahr 2003 eröffneten »Hofladele« vorbei. Der kleine gemütliche und blitzsaubere Laden lohnt einen Stopp. Nicht nur weil Norbert Blasbichler der Initiator des Keschtnwegs ist, sondern auch der hausgemachten flüssigen Köstlichkeiten aus biologisch kontrolliertem Anbau wegen.

In den Holzregalen lagern Apfelsaft und Apfelessig sowie »Etza« und »Loach«, das sind die beiden hauseigenen Weine: der eine ein Müller-Thurgauer, der andere ein Zweigelt-Blauburgunder aus dem Barrìque und beide, wie es heißt, »unter Berücksichtigung der Mondphasen« gekeltert. Das einen Hektar große Weingut liegt auf 800 Meter Meereshöhe und damit an der Weinbaugrenze.

Zu den Gaumenfreuden dieser Weinkellerei gehören auch die Destillate: Himbeerlikör und Grappa, Golden-Delicious-Obstbrand und als hochprozentiges Highlight der Edelkastanienbrand. Ihn hütet Norbert Blasbichler wie seinen Augapfel.

Das gilt auch für die anderen Produkte, die auf dem Radoarhof direktvermarktet werden, unter anderem Apfelgelee, Dörrobst, Eier, Kastanien, Nüsse, Birnen und Zwetschgen. Ein Schlaraffenland für authentische Genüsse!

Der Edelkastanienbrand ist ein Reinbrand mit 42 % Alkohol und, so glaube ich, ein Lebenselixier. Man soll davon wenig zu sich nehmen, ihn aber intensiv und bewusst genießen!

Norbert Blasbichler, Radoarhof

140 Edelkastanienbäume gehören zum Radoarhof und für Norbert Blasbichler sind die bis zu 400 Jahre alten »Keschtn« eine wahre Herzensangelegenheit.

Demnächst will Norbert Blasbichler seinen Rotwein nicht mehr in französischer Eiche ausbauen, sondern in Keschtnholz. Man darf gespannt sein auf das Ergebnis! In jedem Fall ist der Radoarhof ein gelungenes Beispiel für einen gesunden Wirtschafts- und Lebenskreislauf. Vielleicht hat das auch etwas mit dem Namen zu tun. Radoar ist ein rätoromanisches Wort und bedeutet Scheibe oder rundes Feld.

Beflügelt vom Edelkastanienbrand lässt es sich gut weiter wandern. Nach einem kurzen steilen Anstieg geht es dann auf gleicher Höhe durch lichten Bergmischwald und zauberhafte Kastanienhaine. Wenn nun das »Keschtnmanndl« mit dem Wanderer seine Späße treibt, so ist das in Folge der Kostproben am Radoarhof kein Wunder. Der teuflische Wicht soll sich besonders gern in den hohlen Stämmen der alten Kastanienbäume verstecken. Außerdem kann er sich so klein machen, dass er in einem leeren Keschtn-Igel Platz findet. ▶▶

Höhenwanderung
60 Höhenmeter Aufstieg, 330 Höhenmeter Abstieg
Mit Kindern ab 8 Jahren

Ausgangsort: Feldthurns (851 m)

Charakter: Abwechslungsreiche Höhenwanderung ohne Schwierigkeiten

Beste Zeit: Mai bis Mitte November

Gehzeit: 2–2 ½ Std.

Einkehr: Radoarhof in Feldthurns (850 m); Gasthof Huber in Pardell (775 m, Mo Ruhetag)

Verlauf: Feldthurns – Moar zu Viersch – Pardell – Kloster Säben – Wallfahrtsweg – Klausen

Varianten: Von Kloster Säben über den Geologiepfad oder über den sehr steilen »Eselssteig« und das Thinnebachtal nach Klausen

Karten: Kompass Wanderkarte 56, Brixen, 1:50 000; Wanderkarte Keschtnweg, 1:40 000, erhältlich beim Tourismusverband Eisacktal

Sonstiges: • Tourismusverein Klausen, Tel. 0472/847424, www.klausen.it, E-mail info@klausen.it
• Tourismusverein Feldthurns, Tel. 0472/855290, www.feldthurns.info, E-mail info@feldthurns.info
• Radoarhof in Feldthurns, Tel. 0472/855645, www.radoar.it, Hofladele: Fr 15–18 Uhr, Sa 9–13 Uhr
• Busverbindung Klausen – Feldthurns: 7.25, 12.40, 17.40 Uhr; Busverbindung Feldthurns – Klausen: 14.06, 15.53, 17.23 Uhr

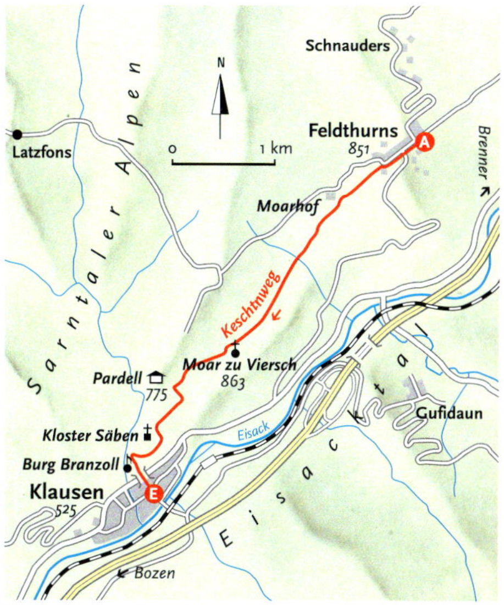

5

Keschtnweg und Säbener Klosterberg

Die Kastanie ist ein Charakterbaum, ein landschaftsprägendes Element und wichtig für die Wirtschaft. Wir ernten die Früchte, benötigen das Laub im Spätherbst als Einstreu im Viehstall und im Sommer können unsere Kühe unter den Kastanien weiden. Ein Kastanienbaum ist nicht nur im Herbst attraktiv, gerade die Kastanienblüte ist schön und wunderbar vom Duft her.

Norbert Blasbichler, Radoarhof

Es ist eine abwechslungsreiche Kulturlandschaft, durch die der Wanderweg hoch über dem Eisacktal führt. Eine fast heile traditionelle Welt, wäre da nicht hin und wieder das monotone Rauschen, das von der Brenner-Autobahn tief unten im Tal heraufdringt und so gar nicht zum mußevollen Wandertempo passen will. Wie dem auch sei, kurz nach dem Weinbrennerhof passiert der Weg einen Fichtenwald und einen hübschen Waldspielplatz für Kinder, quert mehrere kleine Bachtobel und führt dann an Bauerngärten mit dicken Krautköpfen und fetten Kürbissen und an Kartoffeläckern und Maisfeldern entlang zum »Moar zu Viersch« (863 m), einem alten Ansitz mit einer Florians-Kapelle.

Auf dem weiteren Weg nach Pardell prägen wieder Kastanienhaine, Obstkulturen und Rebstöcke das Landschaftsbild. Eine Sinfonie der Grüntöne mit blauen, roten und gelben Farbtupfern. Eine kurze Hohlweg-Passage, dann ist Pardell (775 m) erreicht – und der Huber-Bauer. Schon bei den Mitgliedern der bayerischen Künstler-Kolonie von Klausen an der Wende vom 19. zum 20. Jahrhundert war das Gasthaus eine beliebte Einkehrstation. So wurde der Huber-Bauer nicht nur zum begehrten Motiv für die Herren mit Pinsel und Palette, sondern ebenso zum Refugium weinseliger Schöpfungspausen. Ob sich die Maler auch von der Farbe der Hausspezialität haben inspirieren lassen, ist nicht bekannt. Doch bis heute sind die tiefroten Rohnenknödel in Gorgonzolasoße ein kulinarischer Renner. Huber-Wirt Konrad Gasser serviert die aus Roten Rüben gemachten Knödel in den gemütlichen Gaststuben und draußen im zum Teil überdachten, weitläufigen Gastgarten hinter der kleinen Kapelle.

Nicht ohne einen kurzen Blick auf die Tafel an der Kapellenwand zu werfen, die an die Schlacht von Pardell 1797 und an die napoleonischen Befreiungskriege erinnert, geht es nun kurz, aber steil hinab zum Säbener Klosterberg und noch kürzer und steiler hinauf zur »Akropolis von Südtirol«, wie das im 7. Jahrhundert gegründete Kloster gern genannt wird. Heiligkreuzkirche und Klosteranlage liegen auf der 775 Meter hohen Felskuppe, darunter Gnadenkapelle, Mäuseturm und Klostergarten, in dem die Benediktinerinnen dank der südseitigen Hanglage sogar Aprikosen kultivieren.

Der Säbener Klosterberg zählt zu den ältesten Tiroler Wallfahrtsorten. Berühmt ist der seit 1503 stattfindende Ladiner Kreuzgang. Zu den sehenswerten Kunstschätzen gehören das romanische Kruzifix und die virtuos gemalte Scheinarchitektur in der Klosterkirche. Auf buckligen und bei Nässe gefährlich rutschigen Steinen geht es auf dem alten Wallfahrtsweg mit seinen Kreuzwegstationen und vorbei an der trutzigen, efeuumrankten Burg Branzoll rund 200 Höhenmeter hinab nach Klausen (525 m), mitten hinein in die verträumte Altstadt des Eisacktaler Künstlerstädtchens. Die Wanderung endet im so genannten »Malerwinkel« am Säbener Aufgang, dem »Motiv Nr. 1« der einstigen Klausener Künstler-Kolonie. Über 150 Maler der Münchner Akademie und Sezession kamen damals zur bunten Sommerfrische an den Eisack. Wer nach dem Abstieg vom Säbener Klosterberg dann stilecht einkehren will, der tut das am besten in den einstigen Künstlerkneipen, im Gasthaus Vogelweider oder im Gasthof Lamm, dem früheren Kantioler, auf den schon der Münchner Schriftsteller Franz Wichmann ein Loblied gesungen hat.

Knackige Äpfel am Keschtnweg

Norbert Blasbichler in seinem »Hofladele«

Blick durch Kastanienhaine und Obstkulturen auf Pardell

6

Albions und Fonteklaus

... oder wo alle Ansitze zum Verweilen einladen

info

Höhenwanderung
150 Höhenmeter
Mit Kindern ab 8 Jahren

Ausgangsort: Albions (900 m) oberhalb von Klausen

Charakter: Genussvolle Höhenwanderung ohne Schwierigkeiten

Beste Zeit: Mitte Mai bis Mitte November

Gehzeit: Hinweg 1 ½ Std., Rückweg 1 ½ Std.

Einkehr: Gasthof Ansitz Fonteklaus (897 m, Do Ruhetag, bewirtschaftet Anfang April bis Mitte November)

Verlauf: Albions – Ansitz Lusenegg-Lageder – Mair zu Tassis – Fonteklaus – Albions

Karte: Kompass Wanderkarte 56, Brixen, 1:50 000

Sonstiges: • Tourismusverein Eisacktal, Tel. 0472/802232, www.eisacktal.com, E-mail info@eisacktal.com

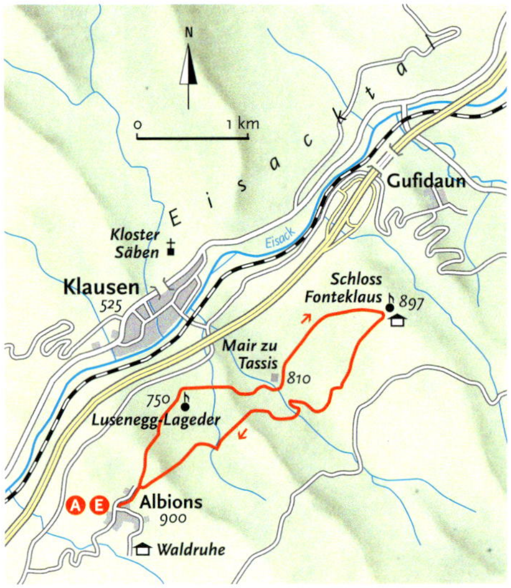

Villanders und Barbian sind zum Greifen nahe und es scheint, als müsste man von Albions nur die Hand ausstrecken, um das Eisacktal zu überbrücken. Das schmucke Dörfchen mit dem ziegelroten Kirchturm liegt auf einer sonnigen Hangterrasse in 900 Meter Höhe und ist von ausgedehnten Streuobstwiesen umgeben. Wiesen, Weiden, Zäune, hier und da ein knurriger Hofhund und verschlafene Ansitze. Orte der unspektakulären Muße – Albions ebenso wie Fonteklaus.

Die beiden Pole dieser Genuss-Wanderung liegen fast metergenau auf gleicher Höhe, dennoch muss man dazwischen ein paar Schweißperlen vergießen. Auf halber Strecke und gut 150 Höhenmeter tiefer befindet sich der pittoreske Ansitz Lusenegg-Lageder (750 m). Weinliebhaber denken beim Namen Lageder vermutlich sofort an jenen famosen Chardonnay aus dem Eichenfass und treffen damit ins Schwarze. Es handelt sich um den Stammsitz der Lageder-Familie. Ein mit Efeu zugewachsener quadratischer Turm, weiß und dunkelrot gerautete Fensterläden und verträumte Butzenscheiben-Fenster. Vor den Gebäuden eine uralte, mächtige Kastanie und dazu ein genialer Blick auf die andere Talseite mit dem Säbener Klosterberg, Latzfons und der Kassianspitze.

Keine Kastanie, sondern eine weit ausladende Trauerweide gehört zum Ansitz Mair zu Tassis (810 m), der nächsten Station auf dem Weg nach Fonteklaus. Noch augenfälliger scheint die Sonnenuhr in Apfelform, die an der weißen Hauswand anzeigt, wie viel es geschlagen hat. Zeit zur Einkehr. Durch schattige Bachtobel und gute Pilzreviere führt der Weg Nr. 10 nun steil hinauf zum Gasthof Ansitz Fonteklaus (897 m).

Wieder ein malerisches Ensemble auf grüner Hangterrasse, mit einem über 100 Jahre alten Ahorn vor dem Eingang und einem schönen Kinderspielplatz. Fons clusa – gefasste Quelle – war ursprünglich ein Bauernhof an der Sprachgrenze zum Rätoromanischen und wurde schon im 14. Jahrhundert erwähnt. Adelheid von Säben hat Fonteklaus dem Kloster Neustift bei Brixen als »Seelgerät« geschenkt. 1706 wurde der Hof zu einem Jagdschlösschen umgebaut und eine dem Pestpatron Rochus geweihte Kapelle errichtet. Seit 1938 ist der sagenumwobene Ansitz an der Ostflanke des unteren Eisacktals im Besitz der Familie Gfader und ein Geheimtipp für kulinarische Höhenflüge.

Blick von Albions auf die andere Seite des Eisacktals

Auch Lamarein verleiht Flügel

Schlutzkrapfen und Speckknödelsuppe, hausgemachte Papardelle mit Wildhasenragout, Koteletts vom Berglamm und eine unglaublich feine Topfencreme lassen einem das Wasser im Munde zusammenlaufen. Der Familienbetrieb ist Mitglied der »Eisacktaler Genießerstraße«, einem kulturell-gastronomischen Leitfaden für traditionsbewusste Gaumenfreuden. Zu den lukullischen Raritäten im Gasthof Fonteklaus gehört zweifelsohne auch der »Lamarein«, ein dem Amarone vergleichbarer Lagrein mit wunderbarem Brombeer-Aroma, sagt Arnold Gfader.

Den trinkt man eigentlich, wenn's braucht. Den kann man zu jeder Gelegenheit trinken, wenn man ihn trinken will.

Arnold Gfader, Gasthof Fonteklaus

In jedem Fall empfiehlt es sich, vor dem Genuss des Lamarein einen Blick auf das Panorama rund um Fonteklaus zu werfen und die 77 Kirch- und Kapellentürme zu zählen, die von hier aus zu sehen sind. Zurück nach Albions geht es dann auf dem oberen Waldweg (Nr. 6a, ab Gschloi Nr. 5) und durch den wildromantischen Löchlbachtobel.

Der malerische Ansitz Lusenegg-ageder

Sonnenuhr in Apfelform am Ansitz Mair zu Tassis

Lajener Ried und Poststeig

... oder im Banne der Ladinischen Pforte

Kurz bevor auf der Straße von Klausen nach Gröden bei Ried die Kirche St. Katharina in den Blick kommt, zweigt nach links der kurze, aber steile Fahrweg zum Vogelweider ab. Der geschichtsträchtige und mythenumrankte Bauernhof oberhalb von Waidbruck am Eingang ins Grödner Tal ist in Privatbesitz und galt lange Zeit als Geburtsstätte des Minnesängers Walther von der Vogelweide. Heute weiß man, dass dies nicht richtig ist. Wie dem auch sei, wenn die Hofinhaber gerade zu Hause sind, darf man schon einmal im historischen Gästebuch blättern und über die pathetischen Einträge von Historikern, Literaten und Damen des Wiener Hausfrauenbundes schmunzeln, wie zum Beispiel über folgenden:

O Gott beschütz' die Reben,
die du dort wachsen lässt
und spende draus in Gnaden
auch Süßigkeit und Geist!

Ab dem Vogelweider Hof führt der mit Nr. 35 markierte Weg durch das sonnige und trockene Lajener Ried mit seinen Obst- und Weinkulturen, Nuss- und Kastanienbäumen in das stattliche Bergdorf Lajen (1102 m) hinauf. Sehenswert sind die kunstvollen schmiedeeisernen Grabkreuze auf dem Friedhof der barocken Pfarrkirche, der seit 1570 bestehende Gasthof »Zur Krone« mit dem spätgotischen Portal und dem großen Kruzifix an der Hauswand und der malerische, kopfsteingepflasterte Dorfplatz mit Brunnen. Ab Lajen folgt man der Markierung »P« und gelangt so auf dem historischen Poststeig in moderater Steigung zunächst nach Tschövas (1212 m), einem alten ladinischen Ort. Mächtige Nussbäume flankieren barocke Marterl, blitzsaubere Gasthöfe laden zum Verweilen ein.

Dorfplatz von Lajen

info

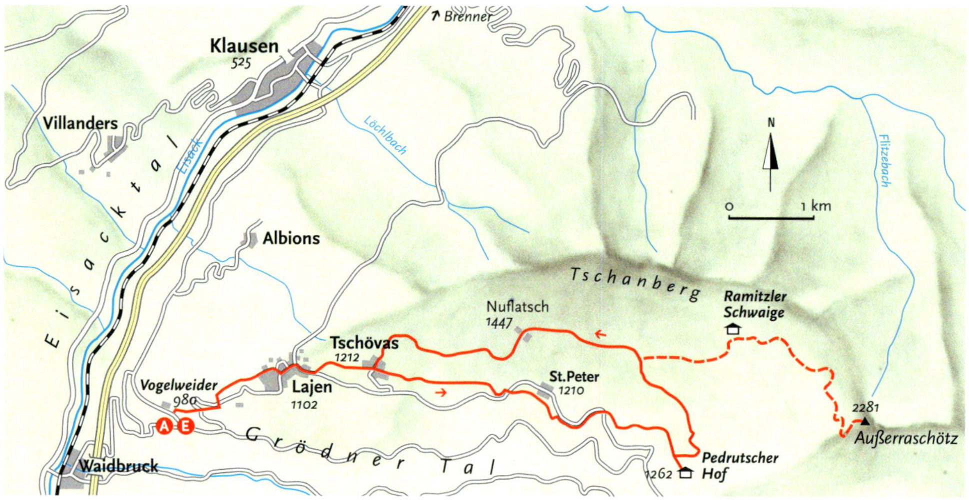

Höhenwanderung
470 Höhenmeter
Mit Kindern ab 12 Jahren

Ausgangsort: Vogelweider Hof (980 m) bei Klausen

Charakter: Unschwierige Höhenwanderung mit grandiosem Panorama

Beste Zeit: Juni bis Anfang November

Gehzeit: Aufstieg 2 ½–3 Std., Abstieg 2 ½ Std.

Einkehr: Gasthaus Pedrutsch (1262 m, Do Ruhetag); Gasthof Überbacher in St. Peter

Verlauf: Vogelweider Hof – Lajen – Tschövas – St. Peter – Pedrutscher Hof – Nuflatsch – Tschövas – Lajen – Vogelweider Hof

Variante: Vom Pedrutscher Hof über die Ramitzler Schwaige auf die Außerraschötz (2281 m, 1 ½ Std.) und über die Nuflatschalm zurück nach Lajen; gesamt 2 Std. mehr

Karte: Kompass Wanderkarte 56, Brixen, 1:50 000

Sonstiges: • Tourismusverein Lajen, Tel. 0471/655633, www.lajen.info, E-mail info@lajen.info
• Nur begrenzte Parkmöglichkeiten vor dem Vogelweider Hof

Die Brotzeit lässt sich aber auch auf einer der vielen Bänke am Wegesrand einnehmen, zumal der Blick hinab ins Eisacktal und auf die Trostburg und hinüber zu den Hexenbänken am Puflatsch und zum Schlern grandios ist. Ruhen, rasten, ratschen. Wanderer sind keine Postläufer.

Die Ladinische Pforte im Blick

Immer wieder wechselt der Poststeig seinen Charakter: mal Hohlweg, mal Saumpfad, mal Forstweg, mal Wiesentrasse. Langkofel und Sellastock rücken mit jedem Schritt bergauf aus ihrer Deckung und bilden eine Traumkulisse. An manchen Weggabelungen fehlt die Markierung, im Zweifelsfall ist aber immer der untere Wegverlauf zu wählen. Ein Waldstück, ein Bachtobel, ein Steinbruch – dann ist St. Peter (1210 m) erreicht. Von dem schmucken Ort hoch über dem Grödner Bach ist es nicht mehr weit zum Pedrutscher Hof (1262 m) an der Westflanke der Außerraschötz. Gut zu sehen ist von hier aus die berühmt-berüchtigte Muschnatta bei Pontives, jenes sagenumwobene Felssturz-Gebiet, auch bekannt als »Ladinische Pforte«.

Der Poststeig führt weiter nach St. Ulrich, der Rückweg nach Lajen jedoch erst einmal knapp 200 Höhenmeter hinauf zur verlassenen und verwilderten Nuflatschalm (1447 m) und vorbei an alten Bergbauernhöfen mit so klangvollen Namen wie Schgraffoi und Pineid. Hier oben im Tuffwald verläuft auch der Troi Paiàn, der prähistorische Handelsweg zwischen dem Eisacktal und den Erz- und Silberbergwerken im Buchensteiner Tal. Vor Tschövas trifft der Weg dann wieder auf den Poststeig, auf dem es sich in der Nachmittagssonne gemütlich zurücktrödeln lässt nach Lajen und zum Vogelweider Hof.

Auf dem Poststeig rücken Sellastock, Langkofel und Ladinische Pforte in den Blick.

8 Von St. Oswald nach Hauenstein

… oder Schlernblut mit Schmelben und Hopfenthymian

Die Kastelruther Spatzen kennt heute fast jeder, den Minnesänger Oswald von Wolkenstein kaum einer mehr. Grund genug, sich wandermäßig einmal auf die Spuren des einst so berühmten Tiroler Landadeligen und vierschrötigen Haudegens zu begeben. Dass durch den Felsen unter der Trostburg bei Waidbruck, der Burg seiner Kindheit, inzwischen der motorisierte Verkehr rauscht, hätte sich Oswald sicher nicht träumen lassen. Das überdimensionale Reliefbild seines Namenspatrons in der Kirche des kleinen Bauernortes St. Oswald hat er dagegen gekannt, auch die spätgotischen Fresken mit Szenen aus dem Alten und Neuen Testament und der Oswald-Legende im sechsteiligen Fächergewölbe des Chores. Sie stammen aus der Hand des Brixner Hofmalers Jakob von Seckau.

Wenn der Wolkensteiner von seinem Stammsitz, der Trostburg, zu seinem Wohnsitz, der Burg Hauenstein im Wald unter der Santnerspitze ritt, dann kam er auch durch St. Oswald. Ein Blick in die Kirche stimmt jedenfalls gut auf die Wanderung ein, die auf den Spuren des weit gereisten Minnesängers aus dem frühen 15. Jahrhundert an den Rand der Seiser Alm und des Schlernmassivs führt.

Vom Tschötscher Hof in St. Oswald steigt der Weg (Nr. 7) gemächlich und immer auf der Hangseite hoch über der Schlucht des Schwarzgriesbaches zur Ruine Aichach an, einst eine Vorburg von Hauenstein. Neben der Ruine liegt der Pflegerhof. Martha Mulser baut hier auf einer Fläche von 5000 Quadratmetern und zwischen 760 und 850 Meter Höhe seit 1982 nach ökologischen Richtlinien Kräuter an, darunter Raritäten wie Winterheckenzwiebel, Wolfstrapp, Anisysop und arabisches Bergkraut.

Die ungeheure Vielfalt der Kräuter reicht über Herzgespann und Goldmelisse, isländischen Räuchersalbei, Melonensalbei, Prärie- und Pfirsichsalbei, afrikanisches Baumbasilikum, Zimtbasilikum und Blutweiderich bis zur Apfel-, Schokoladen- und Bananenminze, um nur einige zu nennen. Kurzum, der Pflegerhof ist ein Paradies der Aromen, Düfte und Far-

info

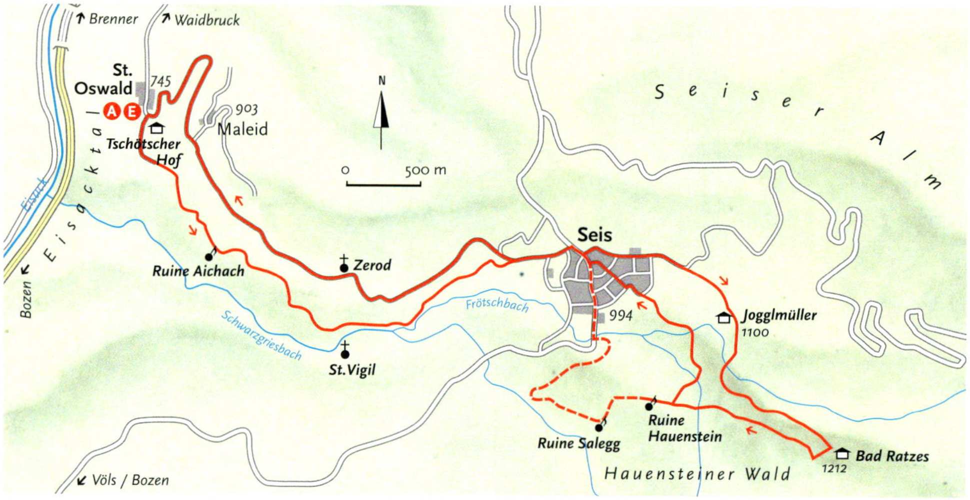

Bergwanderung
480 Höhenmeter, mit Kindern ab 12 Jahren

Ausgangsort: St. Oswald (745 m) bei Waidbruck

Charakter: Aussichtsreiche Wanderung ohne Schwierigkeiten, aber gute Kondition erforderlich

Beste Zeit: Ende Mai bis Mitte Oktober

Gehzeit: Aufstieg 3 ½–4 Std., Abstieg 3 Std.

Einkehr: Tschötscher Hof in St. Oswald (740 m, Mi Ruhetag)

Verlauf: St. Oswald – Ruine Aichach – Malengger Mühle – Seis – Bad Ratzes – Ruine Hauenstein – Seis – Zerod – Maleid – St. Oswald

Variante: Von der Ruine Hauenstein über die Ruine Salegg zurück nach Seis (Weg Nr. 3b, dann 2); ½ Std. länger

Karten: Kompass Wanderkarte 54, Bozen, 1:50 000; Tabacco Wanderkarte, Seiser Alm – Schlern, 1:25 000

Sonstiges: • Tourismusverein Seis, Tel. 0471/707024, www.seis.it, E-mail info@seis.it
• Sehenswertes Bauernmuseum im Gasthof Tschötscher Hof in St. Oswald, Tel. 0471/706013, www.tschoetscherhof.com
• Ökologischer Kräuteranbau und Verkauf im Pflegerhof in St. Oswald, Tel. 0471/706771, www.pflegerhof.com, Schaugarten und Hofladen: September–Juni Di und Sa 14.30–18 Uhr, Juli/August Mo–Fr 9–11.30, 14.30–18 Uhr

Burgruine Hauenstein mit Santnerspitze →

ben. Auch eine Führung durch den Schaugarten mit über 200 verschiedenen Heil- und Gewürzkräutern ist ein betörend sinnliches Erlebnis. Die Kräuter wachsen auf kleinen und steilen, aber sonnigen Feldern.
Im verführerisch duftenden Hofladen gibt es Teemischungen, Kräutersalze, Kräuterkissen, Kräutercremes und Kräutersäfte zu kaufen. Gesunde Edelprodukte, von denen man die Nase eigentlich nicht voll genug haben kann!

Derart »berauscht« geht es an St. Vigil vorbei zur Malengger Mühle (840 m), einer pittoresken und hübsch restaurierten alten Mahlmühle und hinauf nach Seis. Alles in allem rund 250 Höhenmeter ab St. Oswald. Der ausgesprochen schmucke Ferienort am westlichen Rand von Europas größter Hochalm lädt zum Bummeln und zum Verweilen in einem der zahlreichen Gasthäuser oder Cafés ein. Wo sich Seis (994 m) an die Hänge des Puflatsch anschmiegt, führt der nun mit Nr. 6 markierte Weg nach Bad Ratzes (1212 m).
Am Weg liegen schöne Jugendstilvillen hinter hohen, verträumten Hecken und alte Bauernhöfe wie der Jogglmüller, ein ehemaliges Hofgut von Oswald von Wolkenstein.
Das alte Schwefelbad musste leider einem modernen Hotelbau weichen. Ein Kleinod aber ist der Abenteuer-Spielplatz für Kinder unterhalb des Hotels am eiskalten Frötschbach.

Ich hör die voglin gros und klein, in meinem wald umb Hauenstein.

Oswald von Wolkenstein

Sagenhafte Waldwelt

Auf dem Waldwanderweg von Bad Ratzes zur Burgruine Hauenstein wird es still. Der Markierung Nr. 3 folgend geht es immer tiefer hinein in den geheimnisvollen Wald. Wurzelstöcke und Findlingsblöcke, Moospolster, Laub und Reisig begleiten den Weg, der sich auf nahezu gleicher Höhe zwischen den hohen Tannen und Fichten hindurchschlängelt. Ob auch hier die Schlernhexen tanzen? Der Hauensteiner Wald hat jedenfalls seine eigene Magie. Er scheint wildromantisch und unwirtlich in einem Atemzug.
Völlig unvermittelt tauchen aus dem Walddunkel Mauern auf, in so steiler Lage, dass man den Kopf gehörig in den Nacken biegen muss, um die Mauerkronen zu erblicken. Die Ruine liegt auf einem über 20 Meter hohen, isolierten Dolomitblock mitten im Wald. Die Sage erzählt, dass in einem kleinen Weiher im Hauensteiner Wald bei Ratzes eine Nymphe in mondhellen Nächten mit ihrem Kahn über das Wasser geglitten sein soll. Ein oben am Schlern wohnender Berggeist hat sich in die Nymphe verliebt, doch er wurde von ihr abgewiesen. Aus Wut hat der Berggeist daraufhin einen riesigen Felsbrocken von der Santnerspitze hinab in den Wald geschleudert, und dieser kalte Klotz liegt heute noch da. An seinem Fuß erinnert eine Gedenktafel an den Burgherrn, an den Minnesänger Oswald von Wolkenstein, und an seine Frau, die »stolze Schwäbin« Margarethe von Schwangau. Hätte sie die beruhigende Wirkung des Hopfenthymians vom Pflegerhof gekannt, dann hätte sie das Leben auf Hauenstein vielleicht besser ertragen. Denn die Burg war und ist ein gottverlassenes finsteres Felsennest und der Schatten der Santnerspitze so mächtig, dass zwischen Dezember und Februar kein Sonnenstrahl auf die Mauern fällt. Auch Oswald war genervt vom Leben auf dieser trostlosen Burg.

Abenteuer-Spielplatz in Bad Ratzes

Blick von Hauenstein hinab nach Seis

Die sorgsam restaurierte Burgruine bietet einen prächtigen Blick hinab nach Seis und über das Eisacktal und die Rittner Hochfläche hinweg bis zum Alpenhauptkamm. Auf der Mauerkrone flattert die rotweiße Tiroler Fahne im Wind, durch die Schießscharten hindurch ist das Dickicht des Hauensteiner Waldes zu sehen und über dem ganzen Ensemble thront in unwirklicher Eleganz die Santnerspitze. Auch der Rückweg ist von der 1191 Meter hoch gelegenen Ruine gut zu überblicken. Der Weg Nr. 8 führt direkt nach Seis hinab.
Von der Ortsmitte führt nun der mit Nr. 7 markierte Wanderweg über die Gehöfte Zerod (940 m) und Maleid (903 m) zurück nach St. Oswald. Knapp 100 Höhenmeter über der Aufstiegsroute lehnt sich hier die Nachmittagssonne an die Hänge mit ihren Nuss-, Kastanien- und Obstbaum-Kulturen. In den steilen Wiesen kurz vor St. Oswald wachsen die so genannten »Schmelben«, ein bei Schützen und Musikanten als Hutschmuck begehrtes, smaragdgrünes Gras, das nur hier vorkommt. Nach dem Pflücken wird es aufgehängt und getrocknet. Dabei springen die Schmelben auf und bringen feinfedrige weiße Büschel hervor.
Zum Ausklang der Wanderung empfiehlt sich die Einkehr im behäbigen Tschötscher Hof in St. Oswald. Den Hof gibt es seit 1494, das Gasthaus seit 1855. Auf der windgeschützten Terrasse mit den alten knarzenden Holzstühlen und einem herrlichen Blick ins Eisacktal hinab serviert Paula Jaider eine opulente

Brettljause mit »Schlernblut«, dem hauseigenen Rotwein aus Zweigelt und Portugiesertraube. Über der Terrasse hängt ein feiner, zartblumiger Duft. Er kommt von den weißen Erdbeertrauben, die sich rund um das Anwesen ranken. Wer im Tschötscher Hof einkehrt, darf sich als kleine Kostprobe ein paar Trauben abschneiden. Noch besser mundet der frisch gepresste Saft aus den weißen Erdbeertrauben.
Auch sollte man den Tschötscher Hof nicht verlassen, ohne einen Blick in das Bauernmuseum neben der Terrasse zu werfen. Michael Jaider hat liebevoll alte Gerätschaften aus der bäuerlichen Arbeitswelt zusammengetragen: Dreschflegel und Flachsbrechen, Erdkratten, Butterkübel, Heufuder und vieles mehr. Die alte Getreidemühle verursacht einen Höllenlärm, der Hochzeitsschlitten aus Birkenholz romantische Gefühle.

Der behäbige Tschötscher Hof lädt zur Einkehr ein.

Am Tschötscher Hof hängt der Himmel voll weißer Erdbeertrauben.

In Ratzes vor dem Schlern, da sitz ich fest im Ehestand,
da mehre ich mein Missvergnügen, höchst verdrossen
auf einem Felsklotz rund und steil, von dichtem Wald
umschlossen. Ich seh hier zahllos Tag um Tag nur Berge
riesig, Täler tief und Felsen, Stauden, Schneestangen.

Oswald von Wolkenstein aus seinem berühmten »Hauensteiner Lied«

Wo die Gipfel über Wiesen und Wäldern thronen

Pustertal mit Seitentälern

9

Zur Dreifingerscharte

Auf der unbekannten Seite des Pustertals

info

Bergwanderung
700 Höhenmeter
Mit Kindern ab 14 Jahren

Ausgangsort: Furkelpass (1759 m)

Charakter: Abwechslungsreiche und relativ lange Bergwanderung auf der Südseite des Kronplatzes

Beste Zeit: Mai bis September

Gehzeit: Rundwanderung 6–7 Std.

Einkehr: Hochalpenhütte (2114 m)

Verlauf: Furkelpass – Dreifingerscharte – Piz da Peres – Dreifingerscharte – Hochalpenhütte – Lapedurscharte – Olanger Jägerhütte – Furkelpass

Karte: Kompass Wanderkarte 57, Bruneck – Toblach, 1:50 000

Sonstiges: • Ferienregion Kronplatz, Tel. 0474/555447, www.kronplatz.com, E-mail info@kronplatz.com
• Naturparkhaus des Naturparks Fanes – Sennes – Prags, Info Tel. 0474/506120

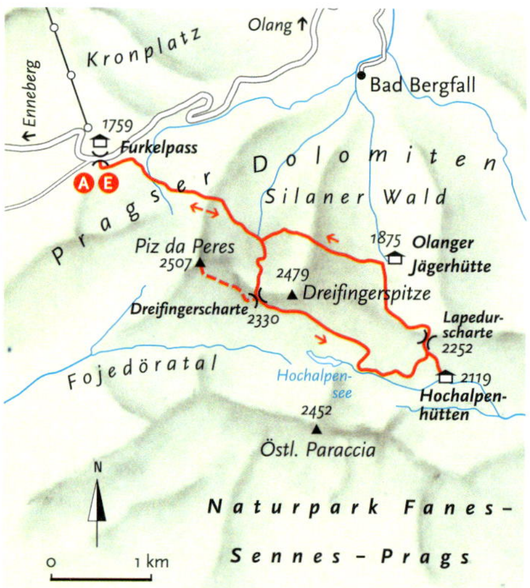

Der kahle rundliche Gipfel des Kronplatzes ist zweifellos der markanteste und bekannteste Berg im Pustertal. Allerdings weniger wegen seiner Wandermöglichkeiten, sondern als beliebter Skiberg. Dahinter verbirgt sich, zumindest aus der Sicht im Pustertal, ein wenig beachteter, aber dafür umso reizvollerer Bergstock: Die 2479 Meter hohe Dreifingerspitze und der benachbarte Piz da Peres (2507 m) liegen am westlichen Rand der Pragser Dolomiten und sind vom Furkelpass aus nicht allzu schwere, aber wegen der grandiosen Aussicht besonders lohnenswerte Ziele.

Verkehrstechnisch verbindet der Furkelpass Olang mit St. Vigil. Man erreicht ihn auf der Straße von Olang über Geiselsberg in Richtung Süden. Auf der Passhöhe auf 1759 Meter startet diese Tour. Auf der Südseite der Passhöhe beginnt nun der Weg 3, der zunächst durch den Wald in Richtung Südosten verläuft. Später verläuft der Weg über ein Schot-

Begegnungen der alpin-rustikalen Art sind auf den Pustertaler Wegen keine Seltenheit.

terfeld und führt in vielen Kurven bergauf. An einer Gabelung auf der Dreifingerscharte (2330 m) hat man die Wahl zwischen dem rechts abzweigenden steilen Aufstieg zum Piz da Peres und der Fortsetzung des Wegs durch die Scharte. Hinauf zum Gipfel des Piz da Peres (2507 m) geht es in einer guten halben Stunde auf einem steilen Weg, der etwas Trittsicherheit erfordert. Am Gipfel sollte man sich für die herrliche Aussicht etwas Zeit nehmen, bevor es dann weiter auf dem Weg hinunter nach Osten geht. Unten an der Abzweigung geht man dann rechts und nun folgt eine schöne und nicht allzu anstrengende Höhenwanderung bis zum rechts etwas unterhalb gelegenen Hochalpensee (2252 m). Von dort kann man einen Abstecher hinunter zur Hochalpenhütte (2114 m) machen, die im Sommer teilweise bewirtschaftet ist. Für den Rückweg geht man dann auf dem Weg 32 etwa 100 Höhenmeter hinauf zur Lapedurscharte (2252 m). Auf der anderen Seite der Scharte folgt nun der Abstieg (etwa 400 Höhenmeter) hinunter bis zur Olanger Jägerhütte (1875 m). Dort gabelt sich der Weg. Geradeaus folgt der steile Abstieg durch den Wald hinunter nach Bad Bergfall, einem ehemaligen Bauernbad. Zum Ausgangspunkt der Wanderung am Furkelpass kommt man auf dem links abzweigenden Weg. Der letzte Abschnitt ist eine bequeme Höhenwanderung auf der Nordseite der Dreifingerspitze und des Piz da Peres bis zum Furkelpass.

Mächtige Gipfel und ruhige Wege. Die Tour vom Furkelpass gehört zu den wenig bekannten Routen.

Von der Dreifingerscharte ist der Aufstieg zum Piz da Peres empfehlenswerter als der schwierigere und teils ausgesetzte Weg hinauf zur Dreifingerspitze.

Reinhold Graf, Bergführer aus Gsies

Wo früher die Bären hausten

Auf der Südseite des Furkelpasses in St. Vigil kann man im Naturparkhaus des Naturparks Fanes – Sennes – Prags einen multimedialen Ausflug in die Historie dieser Region unternehmen. Und dazu gehören auch die Geschichten der Höhlenbären und viele interessante Infos über Flora und Fauna.

Von Olang zum Pragser Wildsee

Zum schönsten Bergsee Südtirols

info

Bergtour
1200 Höhenmeter Aufstieg, 700 Höhenmeter Abstieg
Mit Kindern ab 14 Jahren

Ausgangsort: Olang (1050 m)

Charakter: Eine solide Tagestour von Olang zum Pragser Wildsee, die nicht allzu schwer ist, aber landschaftlich reizvoll und sehr abwechslungsreich

Beste Zeit: Mai bis September

Gehzeit: Aufstieg bis Lapedurscharte 3–4 Std., Abstieg zum See 2 Std.

Einkehr: Hochalpenhütte (2114 m)

Verlauf: Olang – Bad Bergfall – Lapedurscharte – Hochalpenhütte – Grünwaldtal – Pragser Wildsee

Karte: Kompass Wanderkarte 57, Bruneck – Toblach, 1:50 000

Sonstiges: • Ferienregion Kronplatz, Tel. 0474/555447, www.kronplatz.com, E-mail info@kronplatz.com
• Hotel Bad Bergfall, Info Tel. 0474/592084

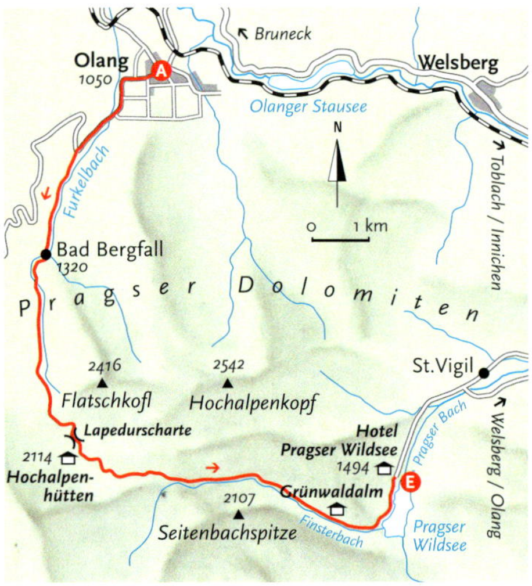

Quer durch den Naturpark Fanes – Sennes – Prags verläuft diese abwechslungsreiche und mittelschwere Tagestour vom beliebten Urlaubsort Olang im Pustertal bis zum Pragser Wildsee. Der romantische, einsam gelegene Bergsee ist ein ausgesprochen beliebtes Ausflugsziel und auch als Ausgangspunkt und Ziel von Bergwanderungen sehr populär.

In Olang startet die Tagestour zum Pragser Wildsee.

Vom Ortszentrum in Olang geht oder fährt man etwa 2 Kilometer auf der Straße in Richtung Furkelpass bis zur Talstation der Seilbahn, die hinauf zum Kronplatz führt. Von der Talstation führt der Weg nun nach Süden entlang des Furkelbaches weiter bis zum Weiler Bad Bergfall (1320 m). Auf dem Wanderweg 32 kommt man nun leicht bergauf ins Langtal hinein und setzt die Wanderung in Richtung Süden fort. Allmählich wird der Anstieg auch anspruchsvoller. Der Weg quert den Silaner Wald und man erreicht schließlich die Olanger Jägerhütte. Nun ist man bereits auf 1875 Meter Höhe. Die letzten 400 Höhenmeter hinauf zur Lapedurscharte haben es noch in sich. Oben angekommen – die Scharte ist mit 2252 Metern der höchste Punkt dieser Tour – geht man auf der anderen Seite nun rund 100 Höhenmeter hinunter bis zur Hochalpenhütte (2114 m), die freilich nur unregelmäßig bewirtschaftet ist. Nach der Hochalpenhütte folgt ein längerer und später auch wieder etwas gemütlicherer Abstieg hinunter ins Grünwaldtal und zum Weiler Altkaser (1751 m). Der letzte Abschnitt bis zum Pragser Wildsee ist ziemlich bequem. Der Weg verläuft entlang des Finsterbaches mäßig bergab durch das Grünwaldtal. Wo das Seitenbachtal rechts abzweigt, erreicht man schließlich die Grünwaldalm. Von dort ist es nicht mehr weit bis zum Ufer des Pragser Wildsees. Am Südostufer des Sees hält man sich links und kommt auf dem Uferweg schließlich zum Hotel Pragser Wildsee (1494 m).

Nach einer derart langen Tour hat man sich eine Pause verdient. Am Pragser Wildsee können Sie zum Beispiel ein Boot mieten und eine Ruderpartie unternehmen. Das Bad im See ist allerdings nur für hartgesottene Schwimmer geeignet. Auf über 1400 Meter Höhe ist das Wasser auch im Sommer ziemlich kühl.

Beim Rückweg nach Olang kann man vom Pragser Wildsee mit dem Bus nach Niederndorf im Pustertal gelangen und dort die Fahrt mit dem Bus oder dem Zug fortsetzen. Allerdings sollten Sie sich vorher über die Zugverbindungen informieren, denn die sind nämlich eher rar. Für den Rückweg zu Fuß am selben Tag ist die Tour zu lang.

Baden wie die Bauern

Das alte Schwefelbad Bad Bergfall hat eine lange Tradition, schließlich gab es früher eine ausgeprägte Badekultur in den Südtiroler Bergen. Mittlerweile ist das Bad renoviert und man kann dort nicht nur wunderbar entspannen, sondern auch die Überreste römischer Badeeinrichtungen besichtigen.

Eingerahmt von den Felswänden des Seekofels: der Pragser Wildsee

Vom Pragser Wildsee auf den Seekofel

Herrliche Aussichten im Naturpark

info

Bergtour
1300 Höhenmeter
Mit Kindern ab 14 Jahren

Ausgangsort: Pragser Wildsee (1494 m)

Charakter: Anspruchsvolle Bergtour auf den mächtigen Seekofel, die mit einer grandiosen Aussicht belohnt wird

Beste Zeit: Anfang Mai bis September

Gehzeit: Aufstieg 3–4 Std., Abstieg 3 Std.

Einkehr: Seekofelhütte (2327 m)

Verlauf: Pragser Wildsee – Nabiges Loch – Ofenscharte – Seekofel – Seekofelhütte – Seitenbachscharte – Pragser Wildsee

Variante: Man kann die Rundwanderung etwas verlängern, indem man von der Seekofelhütte über die Senneshütte und die Sennesalpe zur Seitenbachscharte geht; 1–2 Std. mehr

Karte: Kompass Wanderkarte 57, Bruneck – Toblach, 1:50 000

Sonstiges: • Tourismusverband Hochpustertal, Tel. 0474/913156, www.drei-zinnen.info, E-mail info@altapusteria.net

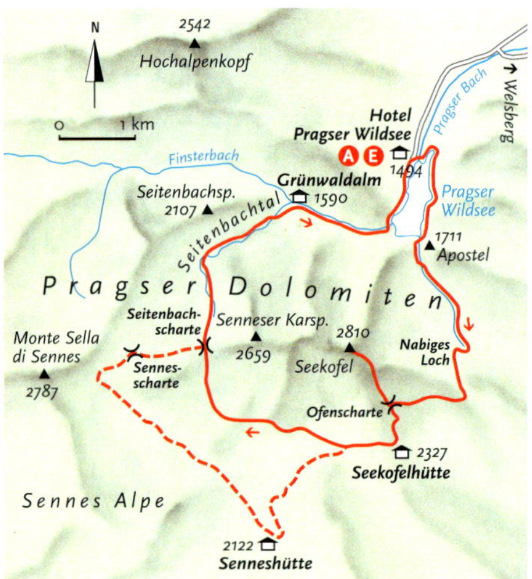

Der idyllische Pragser Wildsee ist eines der beliebtesten Ausflugsziele im Hochpustertal. Man erreicht den Pragser Wildsee über die Pustertalstraße, biegt zwischen Welsberg und Niederdorf nach Süden ab und fährt bei Außerprags rechts in Richtung Pragser Wildsee. Während sich das Gros der Besucher mit einem Spaziergang am Seeufer begnügt, kann man hier schöne Touren in den Naturpark Fanes – Sennes – Prags unternehmen. Ein Klassiker ist der Aufstieg zum 2810 Meter hohen Seekofel. Eine lange, eher mittelschwere Tageswanderung, die man mit dem Rückweg über die Seitenbachscharte und das Seitenbachtal als Rundtour gestalten kann.

Am Pragser Wildsee wandert man zunächst recht gemütlich auf dem Uferweg, der linker Hand vom Hotel beginnt und am Strandbad entlangführt, zum südöstlichen Winkel des Sees direkt unterhalb der mächtigen Felswände des Seekofels. Hier folgt man nun dem Dolomitenhöhenweg 1 in Richtung Süden und es geht kontinuierlich bergauf bis zur Felsenge des Nabigen Lochs. Hier gabelt sich der Weg. Der Dolomitenhöhenweg führt rechts bergauf in Richtung Seekofel und man steigt nun über Latschenfelder und Schutthalden steil bergauf bis zu einem Sattel und einem kleinen Kar, der Ofenscharte (2388 m). Hinauf zum Gipfel des Seekofel folgen Sie dem Weg rechts auf dem Grat, der etwas Trittsicherheit erfordert und im oberen Bereich mit Stahlseilen gesichert ist. Dieser letzte Abschnitt hinauf auf den 2810 Meter hohen Gipfel dauert etwa 1 Stunde. Oben angekommen, genießen Sie eine grandiose Aussicht auf die Dolomiten im Süden, bis zum Ortler im Westen und auf die Zillertaler Alpen im Norden.

Der Pragser Wildsee mit dem mächtigen Seekofel

Im Frühjahr liegt oft noch lange Schnee in den Rinnen und im August sind viele Urlauber am Seekofel unterwegs. Die beste Zeit ist von Juni bis Juli und im September.

Martin Kopfsguter,
Bergführer aus Prags

Zurück geht es nun auf dem Grat hinunter zur Seekofelhütte (2327 m), die sich natürlich für eine Einkehr anbietet. Zurück zum Pragser Wildsee kann man nun denselben Weg

Der Uferweg am Pragser Wildsee ist eine leichte Einstimmung für die anspruchvolle Tour auf den Seekofel.

nehmen oder aber auf der Forststraße in Richtung Senneshütte gehen, dann nach etwa 1 km rechts abbiegen und über einen steinigen Weg zur Seitenbachscharte (2331 m) wandern. Hier folgt nun der lange Abstieg ins Seitenbachtal bis zur Grünwaldalm (1590 m). Rund 750 Höhenmeter liegen zwischen der Scharte und der Alm. Der letzte Abschnitt nach rechts bis zum Pragser Wildsee ist dafür nur noch ein gemütlicher Spaziergang, ebenso wie der Uferweg bis zur Nordseite des Sees, wo die Tour begonnen hat.

Pragser Wildsee

Ein Bergsee wie aus dem Bilderbuch. Kein Wunder, dass der Pragser Wildsee ein sehr beliebtes Ausflugsziel ist. Und zwar nicht nur für Wanderer, sondern auch für Bootspartien und – wem das Wasser nicht zu frisch ist – für Badeausflüge. Rund um den 31 Hektar umfassenden See, der maximal 36 Meter tief ist, führt ein gut 3 Kilometer langer Rundwanderweg. Nicht nur der Pragser Wildsee und das Hotel am Nordufer sind seit vielen Jahren ein populäres Ziel. Das Pragser Tal war bis Anfang des 20. Jahrhunderts vor allem wegen der Heilquellen in Bad Altprags eine bekannte Kurdestination für die bessere Gesellschaft.

12

Gsieser Almweg

Bei den Bergbauern im Gsieser Tal

Obwohl das Pustertal vor allem zur Hochsaison überlaufen sein mag, findet man glücklicherweise doch noch einige abgeschiedene Gegenden, stille und unverfälschte Seitentäler ohne Hektik und Trubel. Das Gsieser Tal ist ein Paradebeispiel dafür. Von Welsberg aus verläuft es parallel zum bekannteren Antholzer Tal nach Norden und endet an der Grenze nach Österreich. In den Ortschaften Gsies, St. Martin und St. Magdalena scheint tatsächlich noch ein wenig die Zeit stehen geblieben zu sein. Und oben auf den Bergen findet man schöne Wandermöglichkeiten. Der Gsieser Almweg, bekannt auch als Almweg 2000, ist die Vorzeigetour im Gsieser Tal.

Auf der Uwaldalm genießt man den herrlichen Blick auf die Gipfel im Gsieser Tal.

Eine Höhenwanderung auf gut 2000 Metern von Alm zu Alm – daher auch der Name – ganz hinten kurz vor dem Talende. Keine strapaziöse Tour, sondern eher ein beschaulicher und erholsamer Ausflug.

Das kleine Dorf St. Magdalena ist der Ausgangspunkt dieser Wanderung. Am nördlichen Ende des Dorfes, etwa bei der Kreuzung, zweigt nach rechts, also nach Osten der Wanderweg 47 ab. Auf der Forststraße geht man nun am Köflerbach entlang und folgt nach einer guten Viertelstunde rechts dem Weg 48 in Richtung Tscharnied Alm. Nach diesem längeren Aufstieg folgt nun die eigentliche Höhenwanderung. Von der Tscharnied Alm (1976 m) geht man nun auf dem Weg mit der rot gepunkteten Markierung nach Nordwesten auf einem Steig leicht ansteigend zu einem Kamm und weiter auf der anderen Seite bis zur Kasermähder Alm (2048 m). Die Wanderung verläuft nun ohne größere Höhenunterschiede auf etwa 2000 Meter nach Norden, teils durch den Bergwald, teils auch über der Baumgrenze. Nächste Station ist die Kipfelalm (2087 m). Von dort geht man weiter auf einem Steig bis zur Kaseralm (2076 m). Eine Alternative wäre der etwas weiter unten verlaufende Weg über die Stumpfalm, wo man auch einkehren kann. Kurz nach der Kaseralm bei der Forststraße führt der Weg ins Pfoital bergab, dann etwas bergauf zu einer Brücke und schließlich an einem westseitigen Wiesenhang leicht bergauf bis zur Uwaldalm (2042 m), der letzten Einkehrstation, bevor es wieder hinunter ins Tal geht. Von der Uwaldalm hinunter nach

Die Kaseralm auf dem Gsieser Almweg

St. Magdalena hat man die Wahl zwischen der breiten Forststraße oder dem kürzeren, dafür aber steileren Wanderweg 12, der am Schluss mit der Straße identisch ist. Für den Abstieg muss man etwa 1 Stunde rechnen. Unten im Tal angekommen, sind es dann nur noch wenige Minuten zurück nach St. Magdalena.

Wie die Bergbauern leben

Einen Ausflug zu den Bergbauern bietet man den Gästen im Gsieser Tal an. Unter Führung des Natur- und Landschaftsführers Eduard Hoffmann besucht man die einsamen Bauernhöfe, erfährt Eindrücke der hochalpinen Lebensweise, greift zur Sense und rührt die Butter an (Info Tel. 0474/948065).

Das jährliche Almhüttenfest im Sommer erfreut sich großer Beliebtheit.

Höhenwanderung
750 Höhenmeter
Mit Kindern ab 12 Jahren

Ausgangsort: St. Magdalena (1398 m) im Gsieser Tal

Charakter: Ein klassischer Höhenwanderweg auf den Almwiesen im hinteren Gsieser Tal

Beste Zeit: Mai bis September

Gehzeit: Rundwanderung 4–5 Std.

Einkehr: Kaseralm (2076 m); Uwaldalm (2042 m)

Verlauf: St. Magdalena – Tscharnied Alm – Kasermähder Alm – Kipfelalm – Kaseralm – Uwaldalm – St. Magdalena

Variante: Man kann die Rundwanderung abkürzen, indem man im Köflertal nicht rechts zur Tscharnied Alm abbiegt, sondern über die Köfleralm direkt zur Kasermähder Alm aufsteigt; 1 Std. kürzer

Karte: Kompass Wanderkarte 57, Bruneck – Toblach, 1:50 000

Sonstiges: • Tourismusverein Gsieser Tal, Tel. 0474/978436, www.gsies.net, E-mail Tv.gsies@dnet.it

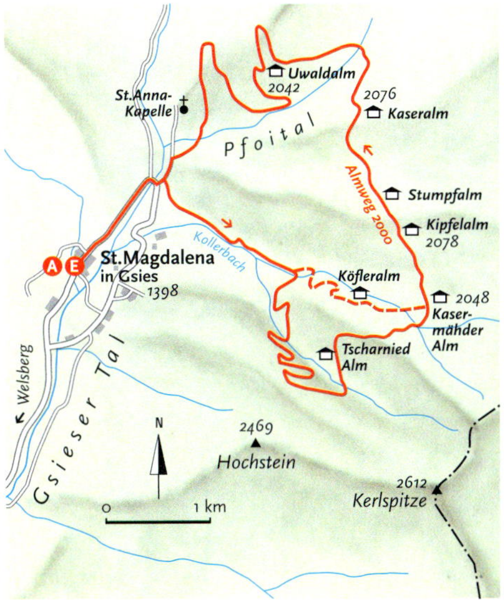

Von Niederdorf nach Bad Altprags

Wo feine Herrschaften früher zur Kur kamen

info

Bergwanderung
650 Höhenmeter
Mit Kindern ab 12 Jahren

Ausgangsort: Niederdorf (1154 m)

Charakter: Eine ruhige und nicht allzu schwere Rundwanderung vom Pustertal nach Prags

Beste Zeit: Anfang Mai bis Ende September

Gehzeit: 4 Std.

Einkehr: Gasthof Tuscherhof (1206 m)

Verlauf: Niederdorf – Putzalm – Bad Altprags – Außerprags

Variante: Von Bad Altprags zurück nach Niederdorf kann man auch zu Fuß vom Weiler Plung direkt an der Talstraße (kurz vor Säge) rechts ab auf dem Weg 1a bzw. 1 über Gols und Lercha gehen, ca. 1 Std. länger

Karte: Kompass Wanderkarte 57, Bruneck – Toblach, 1:50 000

Sonstiges: • Tourismusverband Hochpustertal, Tel. 0474/913156, www.drei-zinnen.info, E-mail info@altapusteria.net

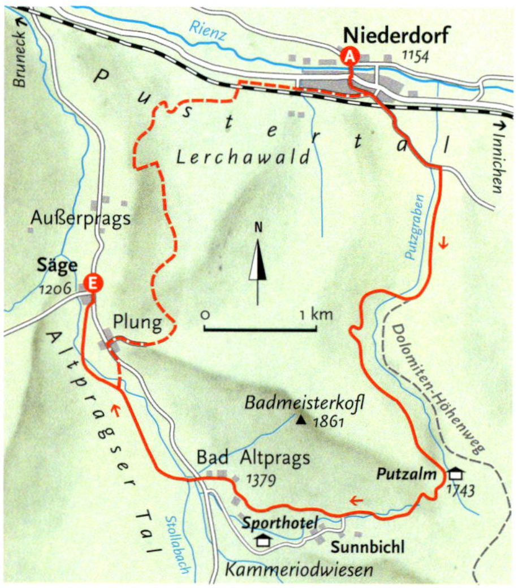

Diese gemütliche Wanderung von Niederdorf über die Putzalm zu dem bekannten ehemaligen Kurbad Bad Altprags zählt zu den weniger bekannten Touren im Hochpustertal. Zurück nach Niederdorf geht es dann nach einem kurzen Fußmarsch bis zur Kreuzung bei Säge mit dem Bus.

Start ist im Zentrum von Niederdorf. Vom Parkplatz am Von-Kurz-Platz geht man am Rathaus vorbei in die Jakob-Traunsteiner-Straße und hält sich an die Markierung Weg 15. Vor einem gelben Haus biegt man rechts ab und läuft entlang der Bahnunterführung. Weiter geht es nun auf dem Maistattweg in Richtung Bad Maistatt oberhalb von Niederdorf, einem alten Bauernbad, wo sich früher die Menschen von der Arbeit erholten. Der Weg führt nun über die Wiesen bis zum Waldrand. An der Kreuzung am Graubach verlassen Sie den Weg nach Bad Maistatt und folgen rechts der Forststraße nach Süden in den Putzgraben. Nun folgt der Weg stetig ansteigend dem Verlauf des Graubachs durch den Wald. Recht gemütlich geht es nun weiter bis zur Putzalm auf 1743 Meter Höhe. Die Alm ist allerdings nur gelegentlich bewirtschaftet, weswegen es empfehlenswert ist, sich etwas zu essen und trinken mitzunehmen. Für den Weg von Niederdorf zur Putzalm muss man etwa 1 ½ Stunden einkalkulieren. Von der Putzalm sind es nur noch 50 Höhenmeter bis zum höchsten Punkt dieser Wanderung, dem Buchsenriedel auf etwa 1800 Meter Höhe. Der Weg 15 führt nun nach rechts als gut ausgebauter Steig bergab, wird dann bald wieder leichter und breiter und erreicht schließlich die Lichtung bei den Kammeriodwiesen. Von dort ist es nur noch ein kurzes Stück bis zu einer schmalen Straße. Rechts sieht man etwas oberhalb der Straße das leer stehende ehemalige Kurhotel von Bad Altprags, das Gerüchten zufolge demnächst wieder renoviert werden soll.

Unterhalb von Bad Altprags (1379 m) stößt man auf die Straße, die links hinauf zur Plätzwiese führt. Das letzte Stück ist nun ein kurzer Fußmarsch von knapp 20 Minuten rechts bergab entlang der Straße in Richtung Außerprags bis Säge, wo die Gabelung der Talstraße ist. Alternativ kann man auch von den Kammeriodwiesen aus auf der anderen Seite der Talstraße auf dem Weg 37 hinunter nach Säge gehen. In Säge (1206 m) bietet sich die Möglichkeit an, beim Gasthof Tuscherhof, links direkt an der Straße, eine Pause einzulegen. Von Außerprags verkehren Busse nach Niederdorf.

Wer eine gemütliche Wanderung abseits des Trubels machen will, für den ist diese Tour genau richtig

Paul Sapelza, Bergführer der Alpinschule Pustertal in Welsberg

13

Von guten alten Zeiten

Im Tourismusmuseum in Niederdorf gibt es viele interessante Objekte aus einer fast vergessenen Zeit. Bis vor knapp 100 Jahren war das Hochpustertal eine beliebte Urlaubsdestination für die Hautevolee aus Deutschland und Österreich. Vor allem der Hochadel kurte gerne in den Badeanstalten. Wie man sich seinerzeit erholt und wie nobel man logiert hat, das ist im Haus Wassermann in Niederdorf sehr eindrucksvoll rekonstruiert.

Früher ein renommierter Kurort gehört Niederdorf heute zu den weniger frequentierten Orten im Hochpustertal. →

Auf der Sonnenseite des Pustertals

Die Nordseite des breiten Pustertals bietet sich ideal für eine Höhenwanderung auf der Sonnenseite des Tals an. In diesem Fall ist es der Römerweg zwischen Welsberg und Toblach. Ob auf dieser Route tatsächlich einst die Römer marschiert sind, darüber gibt es keine gesicherten Erkenntnisse. Aber eine schlechte Wahl hätten sie jedenfalls nicht getroffen. Zumindest aus touristischer Sicht, denn die Tour verläuft auf einem Bergrücken mit alten Weilern und beeindruckenden Ausblicken. Eine relativ gemütliche Wanderung, die man bis Toblach oder auch nur bis Niederdorf durchführen kann. Für den Rückweg bieten sich öffentliche Verkehrsmittel an.

Welsberg ist ein wenig bekannter Ort am Eingang zum Gsieser Tal. Seit dem Bau der Umgehungsstraße hat der Ort an Attraktivität deutlich gewonnen. Im Zentrum geht man zunächst ein Stück hinauf zum nordöstlichen Dorfrand und folgt etwas später der nach rechts in Richtung Osten führenden Wegmarkierung 41. Die Fahrstraße führt nun hinauf zu den Weilern Kammerlechen (1415 m) und Gradler. Kurz danach verlässt man die schmale Straße und folgt links hinauf dem Wanderweg 41, dem eigentlichen Römerweg. Der Wanderweg hält sich nun auf einer Höhe zwischen 1600 und 1700 Metern und durchquert den langen und waldreichen Bergrücken. Ein gemütliches und abwechslungsreiches Wandern. Nach der Abzweigung des Weges 7 links hinunter ins Gsieser Tal nach

info

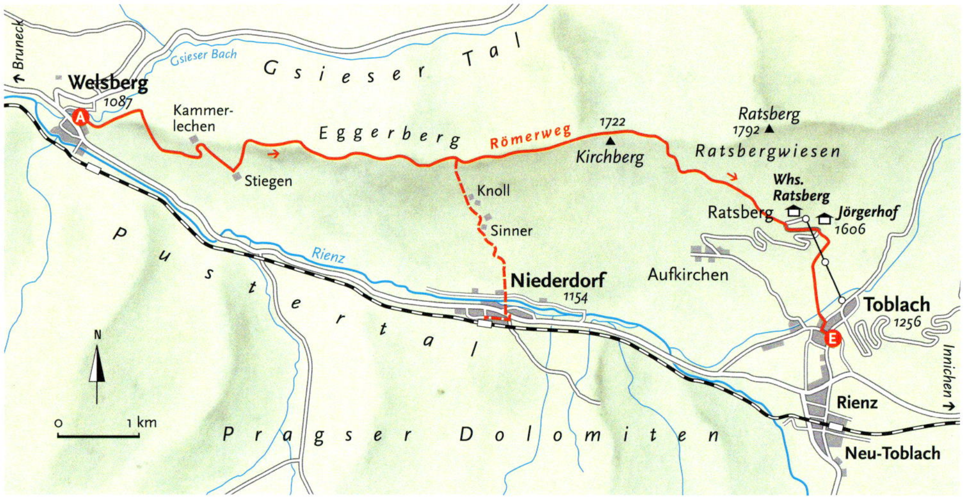

Höhenwanderung
600 Höhenmeter Aufstieg,
450 Höhenmeter Abstieg
Mit Kindern ab 12 Jahren

Ausgangsort: Welsberg (1087 m)

Charakter: Eine leichte und relativ lange Höhenwanderung an den Südhängen des oberen Pustertals von Welsberg bis Toblach

Beste Zeit: Ende April bis Anfang Oktober

Gehzeit: 3 Std. Aufstieg, 3 Std. Abstieg

Einkehr: Gasthof Jörgerhof (1606 m)

Verlauf: Welsberg – Kammerlechen – Ratsberg – Toblach

Variante: Wem der Weg bis nach Toblach zu lang ist, der kann vom Römerweg auf etwa halber Strecke über die Weiler Knoll und Sinner nach Niederdorf absteigen.

Karte: Kompass Wanderkarte 57, Bruneck – Toblach, 1:50 000

Sonstiges: • Tourismusverband Hochpustertal, Tel. 0474/913156, www.drei-zinnen.info, E-mail info@altapusteria.net

Oberhalb von Toblach im Hochpustertal

Das altehrwürdige Grandhotel ist heute ein Kultur- und Kongresszentrum.

Wo waren die Römer?

Natürlich denkt man bei diesem Namen, dass dies ein historischer Weg durch das Pustertal ist. Tatsächlich gibt es jedoch keine genauen und nachweisbaren Hinweise über eine römische Vergangenheit dieser Route. Denkbar wäre es freilich, denn auf halber Höhe auf der sonnigen Seite des Pustertals wäre das schon nahe liegend. Und das breite Pustertal war ja immer schon eine wichtige Handelsstrecke. So hat sich die Bezeichnung »Römerweg« eingebürgert, die zweifellos auch verlockend wirkt.

Durnwald verläuft der Römerweg weiter in Richtung Osten und führt schließlich bergab über die Ratsbergwiesen zum Weiler Ratsberg (1606 m). Kurz vor Toblach kann man noch eine Einkehr beim Gasthof Jörgerhof einlegen. Der Abstieg (etwa 250 Höhenmeter) führt nun über Wiesen und durch ein Waldstück auf dem Weg 22 direkt ins Zentrum von Toblach (1256 m). Spätestens hier gibt es zahlreiche Möglichkeiten für einen gastronomischen Zwischenstopp. Zurück nach Welsberg kommt man mit dem Bus oder der Eisenbahn (der nostalgische Bahnhof befindet sich im Ortsteil Neu-Toblach). Übrigens kann man diese Tour auch problemlos in entgegengesetzter Richtung durchführen.

Der Römerweg ist eine beliebte Tour, die zwar überwiegend durch den Wald führt, aber an einigen Stellen einen schönen Ausblick bietet. Man sieht dann nach Süden die Gipfel vom Kronplatz bis hinüber zum Helm.

Heinrich Stauder, Gastwirt in Ratsberg und Altbürgermeister von Toblach

Von der Plätzwiese auf den Dürrenstein

Herrliche Bergwiesen und grandiose Ausblicke

info

Bergtour
900 Höhenmeter
Mit Kindern ab 14 Jahren

Ausgangsort: Plätzwiese (1991 m)

Charakter: Eine mittelschwere Gipfelwanderung mit einem herrlichen Gipfelpanorama als Belohnung

Beste Zeit: Mai bis September

Gehzeit: Aufstieg 3 Std., Abstieg 2 Std.

Einkehr: Gasthof Plätzwiese (1991 m)

Verlauf: Plätzwiese – Dürrenstein – Plätzwiese

Variante: Man kann beim Rückweg von der Plätzwiese auf den Wanderwegen 3, 18 und 37 in einer leichten Wanderung über die Stollaalm hinunter bis zum Gasthaus Brückele gelangen; 1 ½ Std. länger

Karte: Tabacco Wanderkarte 010, Sextener Dolomiten, 1:25 000

Sonstiges: • Tourismusverband Hochpustertal, Tel. 0474/913156, www.drei-zinnen.info, E-mail info@altapusteria.net

Eine der beliebtesten Bergtouren im Naturpark Fanes – Sennes – Prags ist der Aufstieg von der Plätzwiese auf den 2839 Meter hohen Dürrenstein. Beliebt und im Sommer entsprechend frequentiert ist die Tour vor allem deshalb, weil man vom Gipfel eine grandiose Aussicht auf die Dolomitenregion und die Gipfel im Naturpark Fanes – Sennes – Prags genießen kann.

Ausgangspunkt dieser Tour ist die idyllisch gelegene Plätzwiese, eine Hochebene auf knapp 2000 Metern. Man erreicht sie vom Pustertal über die Straße nach Bad Altprags und fährt weiter bis zum Parkplatz beim Gasthaus Brückele. Von dort verkehrt im Sommer ein Bus hinauf zur Plätzwiese. Beim Hotel Hohe Gaisl beginnt der Weg 40, der zunächst über ein schönes Almwiesengelände nach Osten und dann weiter nach Norden in Richtung Dürrenstein verläuft. Weiter geht es auf dem gut ausgebauten Steig, der gleichmäßig mittelsteil nach oben führt und an einigen, etwas schwierigeren Stellen mit Holzbrettern verstärkt ist. Bis zum Vorgipfel des Dürrenstein ist der Steig an einem kurzen Abschnitt etwas ausgesetzt und mit

Die Plätzwiese ist eine der schönsten Hochalmen im Naturpark Fanes-Sennes-Prags.

Stahlseilen gesichert. Von dort sind es dann nur noch 2 Minuten bis zum Gipfel, von dem man eine herrliche Aussicht genießt. Für den Aufstieg bis zum Gipfel muss man rund 3 Stunden kalkulieren. Zurück zur Plätzwiese geht es dann auf demselben Weg.
Wer sich nun die Rückfahrt mit dem Bus ersparen will oder Lust auf eine eher gemütliche, aber idyllische Talwanderung am Stollabach entlang hat, der kann von der Plätzwiese aus auf dem Weg 3a bzw. 18 zum Gasthof Brückele (1491 m) wandern.

Rätselhafte Felszeichnungen

Waren es Ureinwohner oder gar der Teufel? Man rätselte viel über die mystischen Felszeichnungen auf der Plätzwiese. Kreuze, Quadrate und feine Gitterformen, die in den Stein geprägt sind, regten die Fantasie an. Heute weiß man, dass es durch Wasser geschaffene Erosionseffekte sind. Eindrucksvoll sind sie aber auch ohne die geheimnisvolle Vorgeschichte.

Unterwegs zum Gipfel des Dürrenstein hat man einen herrlichen Ausblick auf das Pustertal und Prags.

Auf den Spuren von Kaisern und Königen

info

Bergwanderung
350 Höhenmeter
Mit Kindern ab 12 Jahren

Ausgangsort: Innichen (1175 m)

Charakter: Eine recht gemütliche und dabei überraschend interessante Tour, die sich vor allem für Familien mit Kindern eignet

Beste Zeit: Ende April bis Oktober

Gehzeit: Aufstieg 2–3 Std., Abstieg 1 Std.

Einkehr: Haunoldhütte (1493 m)

Verlauf: Innichen – Wildbad Innichen – Haunoldhütte – Innichen

Karte: Tabacco Wanderkarte 010, Sextener Dolomiten, 1:25 000

Sonstiges: • Tourismusverband Hochpustertal, Tel. 0474/913156, www.drei-zinnen.info, E-mail info@altapusteria.net
• Sommerrodelbahn: Der Funbob fährt von der Haunoldhütte in 3 Minuten (314 Meter Höhenunterschied) hinunter ins Tal. Die Haunoldbahn benützt ein spezielles Röhrensystem, bei dem die Bobs mit Gurten und 3 Bremssystemen gesichert sind.

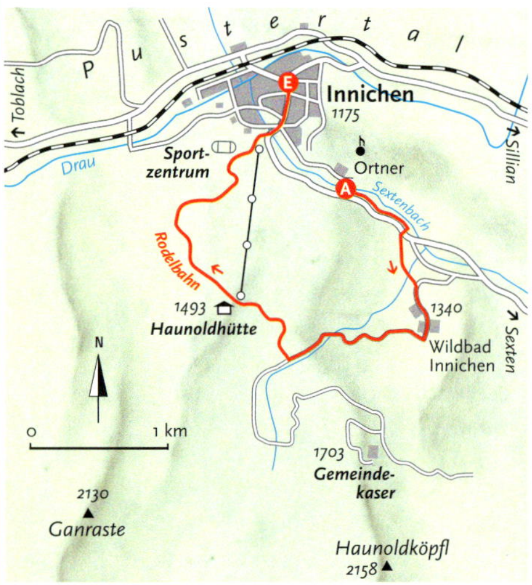

Vergessener Luxus im Bergwald

Schon vor gut 100 Jahren war das Hochpustertal ein beliebtes Urlaubsziel. Kurbäder und Hotels beherbergten Kaiser und Könige, Industrielle und hohe Offiziere. Darunter waren der österreichische Kaiser Franz Josef II., der Thronfolger Franz Ferdinand und der deutsche Thronfolger Friedrich. Vor allem im Wildbad Innichen logierte die feine Gesellschaft. Das Luxushotel hoch oben im Bergwald befand sich neben drei Quellen, wo man kurte und sich erholte. Heute ist das Wildbad eine Ruine, einsam und versteckt und dennoch oder gerade deshalb voller mystischer Ausstrahlung. Wegen der Einsturzgefahr ist das Anwesen seit einigen Jahren eingezäunt.

Zurück nach Innichen auf der Sommerrodelbahn am Haunold

Etwas oberhalb der Ruine kann man noch die alte Kapelle besichtigen und ein Stück weiter oben sind noch die Reste vom hoteleigenen Tennisplatz erkennbar.

André Kemnitzer, Betriebsleiter der Kaiserwasser-Mineralquelle, zu der das Wildbad gehört

Diese eher gemütliche Wanderung führt hinauf zum Bad und macht unter dem Haunoldköpfl, dem Hausberg von Innichen, eine Runde wieder hinunter zum Ort. Von Innichen fährt man zunächst mit dem Bus in Richtung Sexten und macht sich bei der Haltestelle kurz nach dem Hotel Sole Paradiso zu Fuß auf den Weg. Nach etwa 500 Metern auf der Straße nach Sexten folgt man rechts der beschilderten Forststraße in Richtung Wildbad. Eine gute halbe Stunde geht man auf der Straße, die mäßig steil und in etlichen Kurven bis zum Wildbad (1340 m) führt. Das alte Luxushotel ist seit einiger Zeit von einem Zaun umgeben, da vor allem im Sommer etliche Schaulustige kommen und

Ein beliebter Urlaubsort: Innichen im Hochpustertal.

das Spazieren im Gemäuer aufgrund der Einsturzgefahr recht riskant ist. Ganz in der Nähe des Wildbads sind die drei Quellen des Mineralbrunnens Kaiserwasser. Etwas weiter oben erkennt man noch die Überreste des einstigen Tennisplatzes. Der Weg führt nun weiter leicht bergauf durch den Bergwald. Etwa eine knappe halbe Stunde nach dem Wildbad folgen Sie nach einer Wiese an der Kreuzung rechts dem Weg 7 in Richtung Haunoldhütte. Das letzte Stück bis zur Hütte verläuft weitgehend flach Von der Hütte (1493 m), die sich direkt an der Bergstation des Sessellifts befindet, hat man nun einen wunderschönen Blick hinunter ins Pustertal. Eine Einkehr bietet sich hier natürlich an. Schließlich ist sie die einzige bewirtschaftete Hütte auf diesem Rundweg.

Gestern Luxushotel, heute Ruine – das Wildbad Innichen

Für den Rückweg nach Innichen gibt es nun mehrere Alternativen. Einmal gibt es den Wanderweg hinunter ins Tal durch den Lärchenwald. Etwa 1 Stunde läuft man bis zum Sportzentrum und zur Talstation des Lifts. Bequemer und schneller geht es natürlich mit dem Sessellift. Und dann wäre da noch die Sommerrodelbahnbahn, die auf den Hängen der Skipiste hinunter ins Tal saust. Eine Variante, die natürlich bei Kindern besonders beliebt ist.

Überirdische und unterirdische Erlebnisse im hintersten Winkel Südtirols

Ein einfallsreicher Gastwirt warb einmal im kleinen Weiler Kasern im hintersten Winkel des Ahrntals mit »In Südtirol ganz oben«. Wie immer er das auch gemeint hat, in einer Hinsicht liegt er nicht falsch, denn das Ahrntal ist wirklich das nördlichste Eck des Landes. Und es ist eines der ursprünglichsten Täler, was man vor allem im hinteren Talbereich in Prettau und Kasern leicht nachvollziehen kann. Ideale Voraussetzungen für Bergtouren also. Eine der beliebtesten und auch reizvollsten Wanderungen ist der Weg entlang des Ahrnbaches zum Talschluss und schließlich hinauf in Richtung Birnlücke, dem Übergang zum Osttiroler Defereggental. Ausgangspunkt ist das knapp 1600 Meter hoch gelegene Kasern, der letzte Ort im Tal. Hinter den Häusern gibt es linker Hand Parkmöglichkeiten. Der Weg verläuft zunächst auf der Straße ganz gemütlich bergauf bis zur kleinen Siedlung Prastmann mit alten Bauernhöfen und rechts unterhalb der kleinen Kirche Heiliggeist. Der Weg folgt weiter dem Bachlauf mit kurzen und relativ sanften Anstiegen bis zum Talschluss und zur im Sommer bewirtschafteten Kehreralm (1845 m). Zwischendurch passiert man den links abzweigenden und steil aufsteigenden Weg hinauf zum Übergang zum Krimmler-Tauern-Haus, den die Ahrntaler Bauern traditionell dazu nutzten, das Vieh hinüber ins Salzburgische zu treiben. Nach der jüngst renovierten Kehreralm beginnt nun ein steilerer, aber gut ausgebauter Steig, der in vielen Kehren hinauf zur Lahner Alm (1979 m) führt, die man nach etwa 20 Minuten erreicht. Die Alm liegt auf einer idyllischen Hochebene und wird von der Prettauer Bauernfamilie Benedikter bewirtschaftet. Die letzte Etappe verläuft weiter auf dem gut ausgebauten Steig mit vielen Kehren durch die Geröllhänge bis

info

Bergtour
1100 Höhenmeter
Mit Kindern ab 14 Jahren

Ausgangsort: Kasern (1595 m) im Ahrntal

Charakter: Eine klassische Bergtour am Ende des ursprünglichen Ahrntals bis zur bekannten Birnlücke

Beste Zeit: Juni bis September

Gehzeit: Aufstieg 2 ½ Std., Abstieg 2 Std.

Einkehr: Kehreralm (1845 m), Lahner Alm (1979 m), Birnlückenhütte (2440 m, CAI)

Verlauf: Kasern – Kehreralm – Lahner Alm – Birnlückenhütte – Birnlücke

Varianten: Wer nicht auf demselben Weg zurückkehren will, kann auf dem Lausitzer Weg eine Höhenwanderung in etwa 2500 Meter Höhe auf der Südflanke unternehmen und beim Krimmler-Tauern-Haus oder etwas später unterhalb der Windbachspitze ins Tal absteigen; 1–2 Std. länger

Karte: Kompass Wanderkarte 82, Tauferer Ahrntal, 1:50 000

Sonstiges: • Tourismusverband Tauferer Ahrntal, Tel. 0474/652081, www.ahrntal.com, E-mail tauferer@ahrntal.com

Die kleine Kirche Heiliggeist auf dem Weg von Kasern in Richtung Birnlücke →

zur Birnlückenhütte (2440 m). Die CAI-Hütte steht auf einem terrassenartigen, von steilen Wiesen umgebenen Vorsprung und bietet auch Übernachtungsmöglichkeiten. Zu guter Letzt sollte man den etwa halbstündigen Aufstieg auf dem gut ausgebauten Steig hinauf zur 200 Meter höher gelegenen Birnlücke (2667 m) nicht versäumen. Von dort eröffnet sich ein herrlicher Blick hinein in die Hohen Tauern und zum Großvenediger.
Für den Rückweg bietet sich entweder dieselbe Strecke oder ein Umweg auf dem Lausitzer Weg an.

Die Ahrntaler Küche lebt noch sehr von den bäuerlichen Traditionen. Und weil man seit einigen Jahren auch wieder die traditionellen Produktionsverfahren pflegt, möchte ich sie jedem Besucher ans Herz legen.

Norbert Niederkofler, Chefkoch des Nobelrestaurants St. Hubertus in Alta Badia und gebürtiger Ahrntaler

Ein typischer Ahrntaler Bauernhof in der Nähe von Kasern

Ausflug in die Ahrntaler Unterwelt

Gut 500 Jahre lang wurde in den Stollen bei Prettau Kupfer abgebaut. Heute ist ein Teil des unterirdischen Systems ein Schaubergwerk. Mit der Grubenbahn geht es 1 Kilometer hinein in den Berg. Dort kann man im St.-Ignaz-Erbstollen erfahren, unter welch schwierigen Bedingungen seinerzeit gearbeitet wurde. Das Schienerhaus am Eingang zum Bergwerk ist ebenfalls ein typisches Knappenhaus aus dieser Zeit.

Wo das Herz des Landes schlägt

Bozen und Umgebung

Unterwegs in einem der urigsten Täler Südtirols

info

Bergtour
1100 Höhenmeter
Mit Kindern ab 14 Jahren

Ausgangsort: Sarnthein (961 m)

Charakter: Eine ausgiebige mittelschwere Rundtour mit überraschenden Sehenswürdigkeiten

Beste Zeit: Ende Mai bis Anfang Oktober

Gehzeit: Aufstieg bis zu den Stoanernen Mandln etwa 3 Std., Abstieg etwa 2 Std.

Einkehr: Auener Alm (1798 m); Gasthaus Putzenkreuz

Verlauf: Sarnthein – Sarner Skihütte – Auener Alm – Auen Joch – Stoanerne Mandln – Putzenkreuz – Sarnthein

Karte: Ritten Wanderkarte, 1:25 000 (erhältlich beim Tourismusverein)

Sonstiges: • Tourismusverein Sarntal, Tel. 0471/366100, www.sarntal.com, E-mail info@sarntal.com

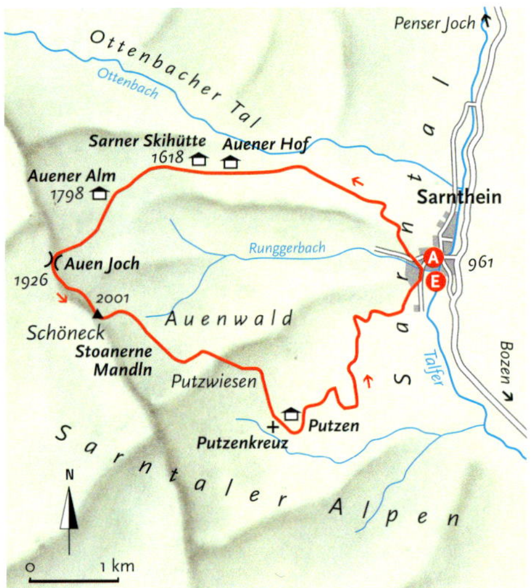

Die größte Gemeinde Südtirols, das längste Tal im Land und dennoch ein unbekannter Fleck und irgendwie auch ein Geheimtipp. Das Sarntal, das grob vereinfacht von Sterzing bis nach Bozen längs durch das Gebirge verläuft, ist eines der urigsten Täler Südtirols. Eine Gegend, in der Landschaft und Kultur noch weitgehend authentisch geblieben sind. Die Sarntaler selbst gelten als besonders verschmitzt und schlagfertig. Andererseits macht man in Südtirol gerne Witze über die Rückständigkeit der Talbewohner. Was immer auch richtig sein mag, für den Bergwanderer ist das Sarntal ein besonders attraktives Ziel, auch wenn die Anfahrt nicht gerade einfach ist. Aber so ist das eben mit den urtümlichen Bergtälern. Diese Wanderung geht von Sarnthein, dem Hauptort des Tales, aus und ist eine beliebte und auch nicht übermäßig anstrengende Runde mit den skurrilen Stoanernen Mandln als Attraktion.

Nach Sarnthein kommt man mit dem Auto von Bozen über die Sarntaler Straße nach Norden vorbei am Schloss Runkelstein und durch zahlreiche Tunnels in der Sarner Schlucht, bis sich das Tal weitet und man schließlich Sarnthein erreicht. Alternativ gibt es auch Busverbindungen von Bozen aus bis Sarnthein. Vom Brenner kommend fährt man über das Penser Joch in das Sarntal. Im Ort geht man nun von der Kirche aus in den Peter-Rigler-Weg und hält sich an die

Die ehemalige Kultstätte ist heute ein Wanderziel: die Stoanernen Mandln.

Sarntal: Stoanerne Mandln

Wegmarkierung 2. Diese führt ortsauswärts bergauf in Richtung Westen über Bergwiesen und durch Waldpassagen und kreuzt mehrmals die Fahrstraße, der man auf den letzten Metern bis zum ersten Etappenziel, der Sarner Skihütte (1618 m), folgt. Das Stück bis zur Auener Alm (1798 m), einer rustikalen Jausenstation, geht man relativ bequem bergauf. Der Weg verläuft nun nach Süden etwa eine Viertelstunde über Almwiesen bis zum Auen Joch. Vom Joch hat man einen herrlichen Blick über die Sarntaler Alpen und weit darüber hinaus bis in die Dolomiten im Osten und zum Ortler im Westen. Jetzt geht es auf dem Kamm weiter, der Markierung P folgend, bis man schließlich die berühmten Stoanernen Mandln erreicht. Die eigenwilligen Gesteinsformationen haben, wie soll es auch anders sein, eine mystische Geschichte. Der Legende nach sollen sich im Mittelalter hier die Sarntaler Hexen getroffen haben. Und von denen gab es angeblich eine ganze Menge. Die berühmteste war die so genannte Pachlerzottl, der 1540 der Prozess gemacht wurde. Von den Stoanernen Mandln, mit 2000 Metern der höchste Punkt der Wanderung, geht man nun bergab auf dem Weg P bis zum Gasthaus Putzenkreuz und dann dem Weg 5 folgend, teils durch den Wald, teils auf der Straße, hinunter nach Sarnthein.

Sarntaler Bräuche

Zu den Sarntaler Traditionen zählen vor allem die Federkielstickerei, bei der die Fäden aus Pfauenfedern gewonnen werden, und das Brennen von Latschenkieferöl. Letzteres kann man beim Latschenkieferbad Eschgfeller in Unterreinswald gleich in Form eines Entspannungsbades nach der Wandertour testen.

19

Auf die Sarner Scharte

Schroffe Stirn, sanfter Rücken

info

Bergtour
1500 Höhenmeter
Mit Kindern ab 14 Jahren

Ausgangsort: Sarnthein (961 m)

Charakter: Bergtour, die gute Ausdauer und Kondition erfordert, zuweilen steil und steinig

Beste Zeit: Sommer bis Spätherbst (je nach Witterung)

Gehzeit: Aufstieg 3 Std., Abstieg 2 ½ Std.

Einkehr: Thalerhof (1450 m)

Verlauf: Sarntheim – Schloss Reinegg – Thalerhof – Sarner Scharte – Thalerhof – Sarntheim

Karte: Ritten Wanderkarte, 1:25 000 (erhältlich beim Tourismusverein)

Sonstiges: • Tourismusverein Sarntal, Tel. 0471/36 61 00, www.sarntal.com, E-mail info@sarntal.com
• Früh starten, im Sommer sehr sonnig und heiß

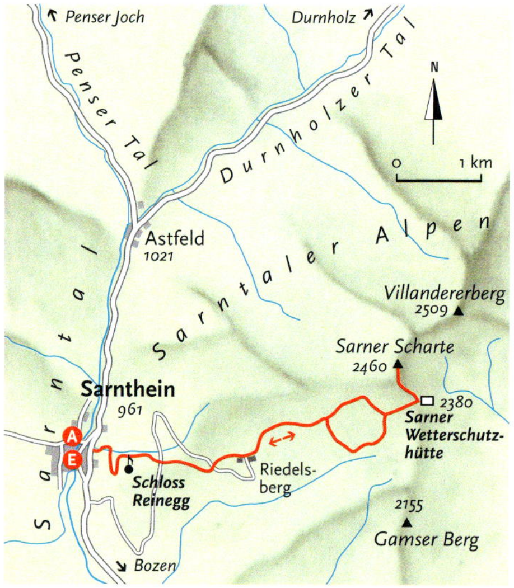

Die Sarner Scharte gehört zu den markantesten Gipfeln der Bozner Gegend. Steht man am Fuß dieses imposanten Berges und blickt vom Sarntal bergwärts, kann man sich kaum vorstellen, dass sich hinter diesem zerklüfteten Felsmassiv eine Flache Hochalm vom Gipfel Richtung Osten zieht.

Dieser Berg hat zwei Gesichter, ein wildes und ein sanftes: Die beiden Gipfel und die dazwischen liegende Scharte, die dem Berg den Namen gegeben hat, bilden die Grenze zwischen Fels- und Grasberg. Entsprechend kann man sich auch den Weg auf den Sarner Hausberg aussuchen, denn das »Schartl«, wie es hier auch genannt wird, bietet für fast jeden einen interessanten Zustieg – von der unschwierigen Bergwanderung bis hin zu Klettertouren im sechsten Schwierigkeitsgrad. Wie zum Beispiel die so genannte »Engelskante«, die so heißt, weil die Schlüsselstelle – eine Felskante – wie ein Engelsflügel in die Landschaft ragt. Tiefblick hat man jedenfalls an dieser Stelle, aber das ist ja bekanntlich nicht jedermanns Sache und deshalb ist es ratsamer, je-

↑ Traditioneller Aufmarsch der Musikkapelle in Sarnthein

nen Zustieg zum Schartl zu beschreiben, bei dem man diese Felsformation ständig von unten im Blick hat.

Schloss Reinegg: über Jahrhunderte Sitz des Gerichtes Sarnthein

Kurz bevor man in den Hauptort Sarnthein einfährt, fällt rechts über dem Dorf eine schöne mittelalterliche Burg ins Auge: Schloss Reinegg, das man von der Staatsstraße über einen groben Plattenweg (Markierung 3) erreicht. Es ist die erste Station auf dem Weg zum Schartl. Die zweite Station ist einer der höchstgelegenen Höfe des Riedelsberges, der auch gleichzeitig eine Jausenstation unterhält: der Thalerhof. Eine gute Stunde brauchen Sie bis hierher über einen Weg, der durch Wald und Wiesen, aber auch durch die schöne und unverfälschte Sarner Kulturlandschaft führt. Wer dem Weg (Markierung 3) folgt, der merkt bald, dass man diese Strecke auch mit dem Auto zurücklegen kann. Denn immer wieder quert der alte Bauernsteig die Riedlsberger Fahrstraße. Vom Thalerhof (1450 m) gibt es dann keine Alternative mehr zu Schusters Rappen. Eine kurze Strecke Richtung Riedlhof folgt man noch der Straße, um kurz vor dem Gehöft links abzuzweigen. Durch Lärchenwiesen und Wald folgt man dem Weg weiter bis zu einem Wegweiser auf einer kleinen Lichtung. Bald danach erreicht man die Waldgrenze, dann zieht sich der Weg recht steil in Serpentinen zunächst durch Latschenkiefern, später durch Geröll bis hinauf in die Scharte unterhalb des Gipfels. Dort treffen Sie auf ein kleines in den Fels gebautes Biwak – die Sarner Wetterschutzhütte (2380 m) – denn auf der Scharte kann es bei Gewittern ziemlich ungemütlich werden. Der Gipfel ist von hier nur noch wenige Minuten entfernt und diese letzten Meter geben wohl den besten Eindruck von der sanften Seite des Schartls. Denn man mag es kaum glauben, an seiner Rückseite ist die Sarner Scharte eine Hochalm und nicht unweit des Gipfels kann es im Sommer gut möglich sein, dass man einem Rindvieh begegnet. Einem mit vier Beinen wohlgemerkt.

Schloss Reinegg

Die Geschichte des Gerichtes Sarnthein war stets eng mit der Geschichte des Schlosses Reinegg verbunden, weil die verschiedenen Pfleger immer auf der Burg ihren Sitz hatten. 1263 erstmals urkundlich erwähnt, war das Schloss bis in die sechziger Jahre des 20. Jahrhunderts im Besitz der Grafen von Sarnthein. Es war in einem schlechten Zustand, teilweise eine Ruine. Nach dem Verkauf an eine römische Adelsfamilie wurde es aufwändig restauriert. Besonders wertvoll sind die Fresken aus dem 13. Jahrhundert in der Burgkapelle. Das Schloss war lange Zeit Gerichtssitz. Unter anderem wurde hier eine der bekanntesten Hexen Tirols gefoltert, ihr der Prozess gemacht und verbrannt, die so genannte »Pachlerzottl«. Das Schloss kann leider nicht besichtigt werden.

Auf dem Bozner Ausflugsberg gemütlich von Gasthaus zu Gasthaus

Haflinger gehören zu Südtirol wie Speck und Törggelen. Kein Wunder, dass man ihnen unterwegs oft begegnet.

Ähnlich wie der Ritten ist Jenesien ein beliebtes Ausflugsziel für Einheimische und Urlaubsgäste. Die sanften Almwiesen und Wälder haben eher Mittelgebirgscharakter und sind deshalb im Vergleich zu den steilen Bergzügen in der Umgebung ideal für gemütliche Wandertouren. Ein weiterer Vorteil: Von Bozen aus erreicht man den Höhenzug bequem mit der Seilbahn, die am nördlichen Stadtrand von Bozen hinauf nach Jenesien führt und gut 800 Höhenmeter überwindet.

Diese Wanderung beginnt im Zentrum von Bozen und mit einem gemütlichen Bummel durch die Stadt. Vom Zentrum geht man über die Rauschertorgasse zum Ufer der Talfer und wandert auf der Wassermauerpromenade nach Norden. Vor dem Schloss Klobenstein wechselt man auf der St.-Anton-Brücke auf das andere Flussufer zur Talstation der 1937 erbauten Seilbahn nach Jenesien. Während der Fahrt mit der Bahn eröffnet sich ein herrlicher Ausblick auf den Bozner Kessel und die umliegenden Bergzüge. Nun beginnt die eigentliche Wandertour. Von der Bergstation geht man in die Ortsmitte von Jenesien und folgt bei der Kirche dem ausgeschilderten Wanderweg E, der gemütlich und leicht bergauf nach Nordosten führt und schließlich nach etwa einer halben Stunde das Gasthaus Edelweiß (1350 m) im Gatterwald er-

Ein köstlicher Genuss!

reicht. Vom Gasthaus Edelweiß folgt man nun dem Weg 7 weiter nach Nordosten über Almwiesen und durch Waldpassagen. Nach etwa einer weiteren halben Stunde kommt man an eine Wegkreuzung, an der der Weg 7 links weiter durch den Wald in Richtung Tschaufer führt. Spätestens hier beim idyllisch gelegenen Gasthaus (1304 m) bietet sich eine Einkehr an. Zurück in Richtung Jenesien geht es dann auf dem Weg 2, der beim Guggenhof in einen Fahrweg mündet. Dieser erreicht nach einer Linkskehre das ebenfalls beliebte Gasthaus Wieser (1386 m). Der gesamte Weg verläuft auf einer Höhe zwischen 1300 und 1400 Metern und damit ohne nennenswerte Höhenunterschiede. Man wandert im Prinzip von Wirtshaus zu Wirtshaus, denn auch die nächste Station ist gastronomischer Natur. Das Gasthaus Locher (1280 m), das man auf dem Weg 2 bzw. der Fahrstraße erreicht, liegt eine knappe halbe Stunde vom Wieser entfernt. Vom Locher bis nach Jenesien verläuft der Weg 2 nun etwas bergauf und bergab, zwischendurch passiert er eine alte Mühle und endet schließlich nach etwa einer Dreiviertelstunde in Jenesien bzw. an der Bergstation der Seilbahn. Bei der Talfahrt kann man noch einmal die schöne Aussicht auf Bozen genießen.

Empfehlenswert ist es freilich, dass man die Einkehr, sofern sie etwas gründlicher ausfällt, eher gegen Ende der Tour ansetzt. Das erleichtert den Rückweg nicht unwesentlich.

Seltsame Erdformationen

Nicht weit vom Gasthaus Wieser trifft man unterwegs auf eigenartige Sehenswürdigkeiten. Ähnlich wie auf dem Ritten gibt es auch in Jenesien Erdpyramiden, die in der letzten Eiszeit entstanden und durch Erosion ihre Gestalt bekommen haben. Der rote Lehmboden bildet pyramidenartige Skulpturen, mächtige Gesteinsblöcke stehen auf schmalen Erdbrocken und wirken wie von Menschenhand geschaffen.

Höhenwanderung
Ab Jenesien 320 Höhenmeter
Mit Kindern ab 12 Jahren

Ausgangsort: Bozen (266 m)

Charakter: Bequeme und abwechslungsreiche Wanderung ohne große Höhenunterschiede

Beste Zeit: Mai bis Oktober

Gehzeit: 5 Std.

Einkehr: Gasthaus Edelweiß (1350 m); Gasthaus Tschaufen (1304 m); Gasthaus Wieser (1386 m); Gasthaus Locher (1280 m)

Verlauf: Bozen – Jenesien – Gasthaus Edelweiß – Tschaufen – Gasthaus Wieser – Gasthaus Locher – Jenesien – Bozen

Karte: Kompass Wanderkarte 54, Bozen, 1:50 000

Sonstiges: • Tourismusverein Jenesien, Tel. 0471/354196, www.jenesien.net, E-mail info@jenesien.net
• Die Seilbahn zwischen Bozen und Jenesien fährt zwischen 9 und 17 Uhr halbstündlich, Info: www.sii.bz.it

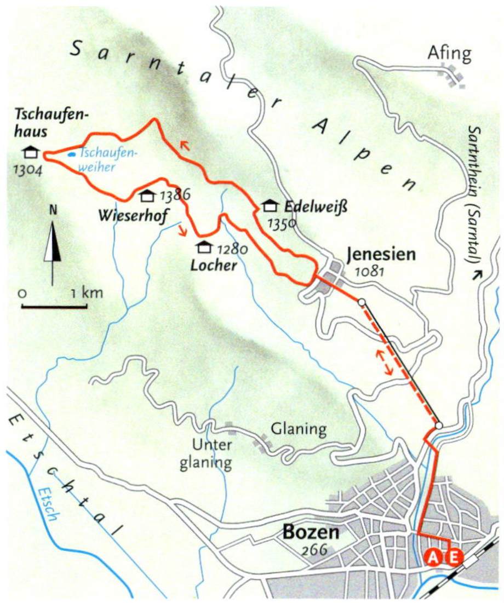

21

Auf das Rittner Horn

Gipfelglück in der Heimat der Sommerfrische

info

Bergwanderung
700 Höhenmeter
Mit Kindern ab 12 Jahren

Ausgangsort: Pemmern (1538 m) oberhalb von Ritten

Charakter: Eine klassische Bergtour mit einem einzigartigen Aussichtspunkt als Ziel

Beste Zeit: Mai bis Oktober

Gehzeit: 2 Std. Aufstieg, 1 ½ Std. Abstieg ohne Bahn (1 Std. mit Bahn)

Einkehr: Unterhornhaus (2042 m); Rittner-Horn-Haus (2260m)

Verlauf: Pemmern – Unterhornhaus – Rittner Horn – Unterhornhaus – Pemmern

Karte: Mapgraphic-Karte Ritten, 1:25 000 (erhältlich beim Tourismusverein)

Sonstiges: • Tourismusverein Ritten, Tel. 0471/36 61 00, www.ritten.com, E-mail info@ritten.com

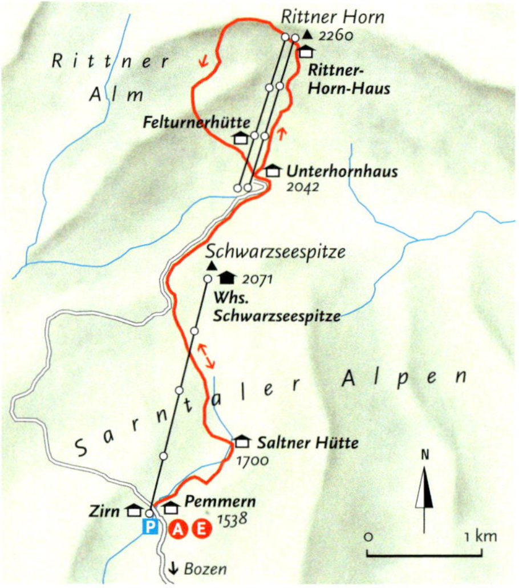

Eine weite und offene Hochebene wie die Rittner Alm ist für Südtirol nicht ungewöhnlich.

Eigentlich ist der Ritten ja für besonders gemütliche Wanderungen bekannt. Ohne große Anstrengungen geht man über sanfte Almwiesen und durch schattige Wälder. Zwischendurch ein Gasthaus zur Einkehr. Ein echtes Genießergebiet also. Es geht aber auch anders. Vor allem, wenn man den höchsten und markantesten Punkt des Ritten, das Rittner Horn erklimmen will. Keine Angst. Es handelt sich hier nicht um eine hochalpine Expedition, sondern vielmehr um eine relativ leichte Bergwanderung, die man noch dazu mit einem Sessellift erheblich vereinfachen kann. Wie auch immer Sie das Horn bezwingen, es lohnt sich allein schon wegen der grandiosen Aussicht bis weit hinein in die Dolomiten.

Schöne Aussichten: das Rittner-Horn-Haus

Idealerweise beginnt man diese Wanderung in Pemmern (1538 m). Der kleine Weiler zu Füßen des Rittner Horns besteht vor allem aus zwei Gasthäusern und einem großen Parkplatz. Keine Frage, das Rittner Horn ist ein ausgesprochen beliebtes Ausflugsziel. An der rechten Straßenseite befindet sich die Talstation des Sessellifts. Kurz davor beim Gasthaus Pemmern beginnt der Aufstieg. Der Wanderweg 1 führt zunächst parallel zum Emmersbach hinauf bis zur Saltner Hütte (1700 m). Nun hält man sich links und geht auf dem Weg E10 weiter bergauf, kreuzt bald darauf die Trasse des Sessellifts und kommt dann auf eine breite Fahrstraße. Die Schotterstraße macht einen weiten Rechtsbogen und verläuft ziemlich flach bis kurz vor das Unterhornhaus (2042 m), wo es noch ein wenig bergauf bis zum Gasthaus geht. Im Hintergrund sieht man die Schwarzseespitze mit der Bergstation des Sessellifts, der von Pemmern heraufkommt. Das Rittner Horn liegt nun genau vor einem. Direkt bei der Unterhornhütte beginnt der Steig hinauf zum Gipfel, der an der Felturner Hütte vorbei in etwa einer halben Stunde fast direkt bis zum Horn hinaufführt. Für den Abstieg empfiehlt sich die etwas bequemere, dafür aber auch etwas längere Fahrstraße, die vom Gipfel an der Oberhornalm vorbei in einem weiten Bogen von Westen her das Unterhornhaus erreicht. Sie quert am Rande die idyllische Rittner Alm, wo zur Sommersaison oft Schafherden weiden.
Für den Rückweg nach Pemmern kann man dieselbe Route wie beim Aufstieg wählen oder aber selbigen erheblich verkürzen, indem man vom Unterhornhaus zur gegenüberliegenden Schwarzseespitze kurz hinauf geht und mit dem Sessellift gemütlich talwärts gleitet.

Das Bahnl

Die nostalgische Schmalspurbahn, von den Einheimischen liebevoll Bahnl genannt, verkehrt zwischen Oberbozen und Klobenstein und ist eine der beliebtesten Attraktionen auf dem Ritten. Sie wurde 1907 in Betrieb genommen und verkehrte damals noch zwischen Bozen und Klobenstein. Seit 1966 gibt es nur noch die Strecke auf dem Ritten. Die Bahn fährt stündlich zwischen den beiden Orten und die gemütliche Fahrt passt wahrlich gut zum Charakter der Sommerfrische-Landschaft auf dem Ritten.

Erdpyramiden – Bad Süß

… oder das Glück der Erde liegt im Himmelreich auf dem Pferde

info

Bergwanderung
280 Höhenmeter
Mit Kindern ab 10 Jahren

Ausgangsort: Lengmoos (1164 m) bei Klobenstein, Parkplatz Erdpyramiden

Charakter: Panoramareiche Wanderung ohne Schwierigkeiten durch Wald- und Wiesengelände

Beste Zeit: Juni bis Anfang November

Gehzeit: Aufstieg 2 Std., Abstieg 2 Std.

Einkehr: Gasthof Bad Süß (1434 m, bei Schlechtwetter Do Ruhetag); Jausenstation Himmelreich (1315 m)

Verlauf: Lengmoos – Kaiserweg – Maria Saal – Bad Süß – Himmelreich – Feichtnerhof – Erdpyramiden – Lengmoos

Karten: Kompass Wanderkarte 54, Bozen, 1:50 000; Mapgraphic-Karte Ritten, 1:25 000 (erhältlich beim Tourismusverein)

Sonstiges: • Tourismusverein Ritten, Tel. 0471/356100, www.ritten.com, E-mail info@ritten.com

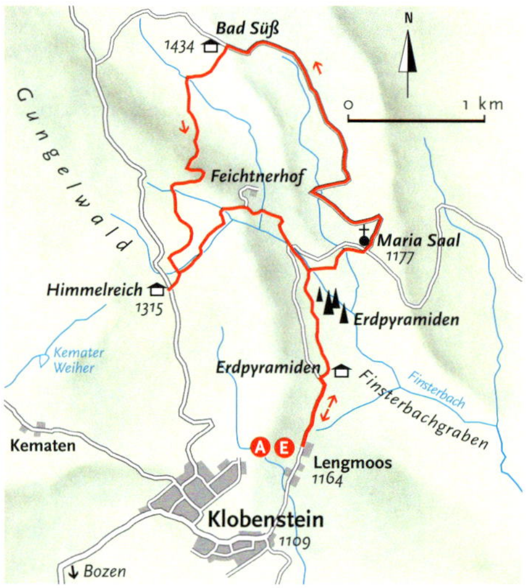

Auf den Spuren von Kaisern und Königen

Kaiser und Könige haben sie schon gesehen: die berühmten Erdpyramiden bei Lengmoos, Staufer wie Friedrich Barbarossa und Konrad II., auch Heinrich II. bei seinem Gang nach Canossa. Seit dem frühen Mittelalter führt der so genannte »Kaiserweg« über die Ostflanke des Ritten gen Süden nach Italien, denn die Eisackschlucht war viele Jahrhunderte lang unpassierbar. Heute ist der Kaiserweg ein blau-weiß markierter Wanderweg (Nr. 24) und quert auf kleinen Holzbrücken den Finsterbachgraben. Von hier aus sind die Erdpyramiden am besten zu sehen. Skurrile Gebilde der letzten Eiszeit. Harte Granit- und Porphyrbrocken wurden in weichem Moränenlehm eingelagert. Als Decksteine balancieren sie scheinbar wider alle Gesetze der Schwerkraft auf bis zu 30 Meter hohen, spitzen Nadeln aus Lehm. Erosionsfiguren, denen der Regen noch eine unbestimmte Gnadenfrist gewährt. Ob die Madonna von Maria Saal deshalb einen Regenschirm trägt, sei dahingestellt. Das eigenwillige Fresko in der barocken Kirche ist jedenfalls einen Blick wert.

Auf dem geschichtsträchtigen Kaiserweg lässt es sich von Lengmoos bequem und ohne nennenswerte Steigung nach Maria Saal (1177) wandern. Hier verlässt man nun den Kaiserweg. Vorbei an schönen alten Rittner Höfen mit den charakteristischen Walmdächern und traditionellen Flochtenzäunen aus gebrannten Fichtenästen geht es jetzt durch lichten

Blumengeschmückte Holzbalkone in Bad Süß

Traditioneller Flechtenzaun aus gebrannten Fichtenästen

Schönste aber ist der Gastgarten mit Hollerstauden, Kegelbahn und dem großen Mirabellenbaum in der Mitte. »Ohrschmachterer« heißt der Baum im Dialekt. Wirt Markus Fink kümmert sich um das leibliche Wohl der Wanderer, tischt Graukäse, herrliche Röstkartoffeln, sauren Kalbskopf, Zwetschgenknödel und vieles mehr auf. Und er betreibt eine Haflingerzucht und bietet Ausritte auch ins Himmelreich an. Der Weg (Nr. 3a) führt im Sattel wie auf Schusters Rappen die Wiese hinab, hinein in den Wald und quer über Viehweiden – nota bene: die Wegweiser kleben an den Strommasten – zur Jausenstation und »Alpen-Ranch Himmelreich« (1315 m). Der Name ist eine alte Flurbezeichnung und das Panorama entlang des Höhenwegs höllisch gut: Geislerspitzen, Langkofel, Schlern, Latemar, Schwarz- und Weißhorn. Dass auf den Wiesen rund um das Himmelreich neben Pferden, Kühen und Eseln auch Strauße grasen, ist keine »himmlische« Fata Morgana, sondern Steckenpferd des Reitstallbesitzers. Zurück zu den Erdpyramiden und nach Lengmoos hinab führt via Feichtnerhof (1265 m) ein schöner Waldweg (Nr. 33a).

Wald bergauf nach Bad Süß (1434 m, Weg Nr. 8), nach der alten Schreibweise auch »Bad Siess«. Der Name kommt vom süßlichen Geschmack des Wassers, das rund 300 Meter oberhalb mit einer konstanten Temperatur von 6 °C aus einem Felsstollen sprudelt. Schon Kaiserin Maria Theresia wusste die adstringierende Wirkung des Heilwassers zu schätzen. Ihr ist auch der Badebetrieb in bequemen Zirbenholz-Zubern zu verdanken. Heute kommen nur noch die Hausgäste in den Genuss des oligomineralischen Quellwassers.
Der Gasthof Bad Süß besteht seit dem 15. Jahrhundert. Wohnhaus und Wirtschaftsgebäude, Badehaus und Kapelle liegen am oberen Rand einer abschüssigen Wiese. Die urige Gaststube mit schiefem Boden, umlaufender Holzbank, roten Stühlen und einem tonnenförmigen Kachelofen sorgt ebenso für Gemütlichkeit wie das dicke, weiß getünchte Mauerwerk und das Mosaik der kleinen Holzfenster mit opulenten Geranienstöcken. Das

Die berühmten Rittner Erdpyramiden am Kaiserweg

Eine süße Sommerfrische für die Seele

Ein Haus auf dem Ritten zu besitzen – das gehört zu den sieben Bozner Seligkeiten. Bis heute zeugen viele Jugendstilbauten des betuchten Bürgertums von dieser heiß begehrten Sommerfrische. Auch Sigmund Freud hat das Südtiroler dolce far niente einst in höchsten Tönen gelobt:

Hier auf dem Ritten ist es göttlich schön und behaglich. Ich habe eine unerschöpfliche Lust zum Nichtstun!

Rittner Bahn zwischen Klobenstein und Oberbozen

Auch die nostalgische Rittner Bahn, die in 16-minütiger Fahrt als Schmalspurbahn mit drei Haltestellen zwischen Klobenstein und Oberbozen verkehrt, vermittelt mit ihren historischen Holzwaggons wie dem Alioth (Baujahr 1910) das Flair von anno dazumal. 1966 wurde die über 4500 Meter lange Seilschwebebahn von der Landeshauptstadt Bozen auf die Rittner Hochebene gebaut. Oberbozen (1221 m) ist somit bequem zu erreichen. Von den nebeneinander liegenden Bahnhöfen beider Bahnen führt ein neu angelegter und mit Nr. 16 markierter Forstwanderweg durch sanftes Wald- und Wiesengelände zum Lobishof (1256 m), einer Jausenstation wie aus dem Bilderbuch. Zu den Spezialitäten gehören die hausgemachten Würste, vor allem die Kaminwurzn vom Angusrind, und die Bauernkrapfen mit Birnenmarmelade. Die riesige, von Spalierobst umgebene Wiese mit Hollerstauden und altem Brotbackhaus dient als Panorama-Terrasse. Für den Wanderer stehen kostenlose Sonnenliegen bereit, für die Kleinen gibt es einen wunderschönen eingezäunten Spielplatz mit Holzschaukeln und Klettergerüst. Wie auf einer Perlenschnur aufgereiht sind im Westen die Gipfel von der Brenta über den Mendelkamm bis zum Ortler zu bewundern.

Vom Lobishof geht es über wellige Almböden durch Lärchenwald ins Riggermoos (Weg Nr. 18) und hinauf zum Ansitz Kematen (1322 m), Gutshof und Schlosshotel in einem. Markenzeichen sind die neugotische Kapelle mit ihrem zum Himmel strebenden spitzen Turm und das Herrenhaus mit dem tief gezogenen grauen Schindeldach. Wer sich den Hirschstrudel und die Kastanientorte aus der hauseigenen Konditorei entgehen lässt, ist selbst schuld.

Gemächlich bergab geht es von Kematen über Lichtenstern (1280 m) zurück nach Oberbozen (Weg Nr. 1) – Schlern und Latemar immer im Blick.

Im Honig-Paradies

Der kurze Abstecher zum Plattnerhof (1224 m) bei Wolfsgruben ist ein Muss und der Hof selbst ein Musterbeispiel Südtiroler Architektur und Volkskultur. Schließlich beherbergt der um 1100 erbaute Einhof, der – nomen est omen – auf einer exponierten Felsplatte thront, Südtirols einziges Imkerei- und Bienenmuseum. Bis 1975 haben den

Der Plattnerhof in Wolfsgruben – Südtirols ältester Einhof

Plattnerhof Philomena und Maja Oberschartner bewirtschaftet, ohne Wasser und Strom. Nach dem Tod der beiden unverheirateten Schwestern wurde das Anwesen unter Denkmalschutz gestellt und zum Museum umgestaltet. Das Strohdach ist mit 8 Tonnen Roggen gedeckt und nur mit Weidenruten gebunden. Die alte Rauchkuchl ist beeindruckend, das Honigsortiment führt in Versuchung, denn die süße Palette reicht vom Südtiroler Berg- und Obstblütenhonig bis zum Orangen- und Thymianhonig aus Süditalien. Ein Glas findet im Rucksack immer Platz.

Höhenwanderung
120 Höhenmeter
Mit Kindern ab 8 Jahren

Ausgangsort: Oberbozen (1221 m) oberhalb von Bozen

Charakter: Unschwierige und panoramareiche Wanderung durch Wiesen und Wald

Beste Zeit: Juni bis Anfang November

Gehzeit: Aufstieg 2 ½ Std., Abstieg 2–2 ½ Std.

Einkehr: Gasthaus Lobishof (1256 m, Mi Ruhetag); Hotel Ansitz Kematen (1322 m)

Verlauf: Oberbozen – Lobishof – Riggermoos – Kematen – Lichtenstern – Wolfsgruben/Plattnerhof – Oberbozen

Variante: Von Kematen in ½ Std. nach Klobenstein und mit der Rittner Bahn zurück nach Oberbozen

Karten: Kompass Wanderkarte 54, Bozen, 1:50 000; Mapgraphic-Karte Ritten, 1:25 000 (erhältlich beim Tourismusverein)

Sonstiges: • Tourismusverein Ritten, Tel. 0471/356100, www.ritten.com, E-mail info@ritten.com
• Imkerei- und Bienenmuseum Plattnerhof in Wolfsgruben, Tel. 0471/345350, April bis Oktober tgl. 10–18 Uhr geöffnet
• Rittner Bahn und Rittner Seilbahn haben ihre Fahrpläne aufeinander abgestimmt

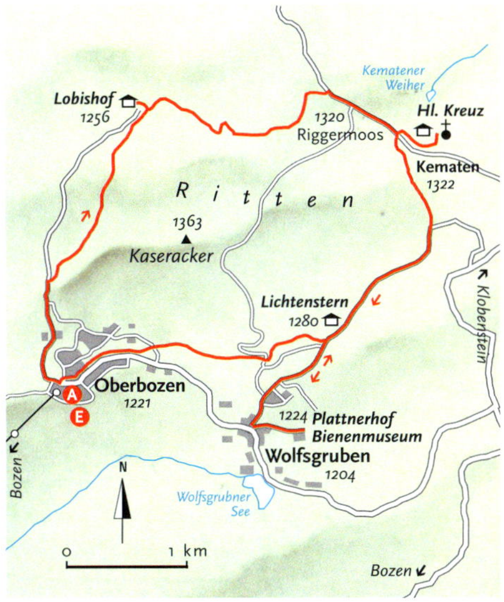

Tschafonhütte und Völseggspitze

... oder wozu viele Walderdbeeren gut sind

info

Bergtour
900 Höhenmeter
Mit Kindern ab 12 Jahren

Ausgangsort: Ums (940 m), Zufahrt von Völs am Schlern

Charakter: Anspruchsvolle Bergwanderung, für geübte Geher ohne Schwierigkeiten

Beste Zeit: Mitte Juni bis Mitte Oktober

Gehzeit: Aufstieg 2–2 ½ Std., Abstieg 2 ½–3 Std.

Einkehr: Tschafonhütte (1733 m)

Verlauf: Ums – Tschafonhütte – Völseggspitze – Tschafonwände – Völsegger Bild –Schönblick – Ums

Karten: Kompass Wanderkarte 54, Bozen, 1:50 000; Tabacco Wanderkarte, Seiser Alm – Schlerngebiet, 1:25 000

Sonstiges: • Tourismusverein Völs am Schlern, Tel. 0471/725047, www.voels.it, E-mail info@voels.it
• Wellness-Tipp: traditionelle Heubäder gibt es seit 1903 im Hotel Heubad (ehemals Merlhof), Völs am Schlern, Tel. 0471/725020, www.hotel-heubad.com

Über die Umser Felder schweift der Blick über Krautköpfe und Kartoffelstauden hinweg hoch zum Schlern. Auf dem Parkplatz neben der schmucken Kirche von Ums (940 m) weist ein Holzschild die Richtung: Weg Nr. 4 zur Völseggspitze via Tschafonwiese. Bald taucht der Weg ein in den Wald unter der Hammerwand, führt durch die kühle Mongadui-Schlucht und steigt dann in steilen, schottrigen Kehren an zur Tschafonhütte. Völlig unerwartet öffnet sich der dichte Wald. Auf einer sanft gewellten Wiesenkuppe liegt die Tschafonhütte (1733 m). Erster Eindruck: eine Bruchbude. Zweiter Eindruck: eine urige Hütte mit morbidem Charme. Ein wenig vergilbt, doch vital. Elektrisches Licht und Strom für die Spülmaschine gibt es erst seit 2002. Übernachtet wird nach wie vor bei Kerzenlicht und das ist genauso originell wie die Speisekarte. An einen alten Baumstamm sind Holzscheiben genagelt und darauf steht geschrieben, was unter anderem der nostalgische Eisenherd in der Küche so alles hergibt. Kaiserschmarrn und Minestrone zum Beispiel, hausgemachten Kräuterquark mit frischer Almbutter, selbst geräucherte Kaminwurzn, einen Salatteller aus dem Hausgarten und Himbeersirup mit Quellwasser. Überhaupt, der Hausgarten. In riesigen Kräuter- und Salatbeeten gedeiht trotz 1733 Meter Höhe fast alles, was das Herz von Vegetariern noch höher schlagen lässt als sie eh schon sind. Den Pulschlag beschleunigt aber auch das unvergleichliche Hütten-Panorama: Vajolett-Türme, Rosengartenspitze und Rotwand sind zum Greifen nahe, ebenso der Latemar. Vor dieser Bilderbuch-Kulisse mit einem Cappuccino und einem saftigen Zwetschgendatschi in der Wiese zu liegen, ist ein alpines Glücksmoment und nur noch durch den Walderdbeerkuchen zu übertreffen. Den gibt es allerdings nur einmal im

Die urige Tschafonhütte

Jahr. Für ein großes Blech müssen 1400 Walderdbeeren gesammelt werden, erzählt Hüttenwirt Josef Lunger.
In einem 20-minütigen Abstecher erreicht man die 1834 Meter hohe Völseggspitze, die mit einem Blick bis zu Adamello und Ortler aufwartet. Zurück an der Tschafonhütte, führt der Weg dann steil hinab durch den mondhellen Triaskalk-Schotter der Tschafonwände zur Wunleger-Wiese – Almidylle mit Lärchen und Libellen, Eichhörnchen und Jungvieh. Im »Waldbrandweiher« spiegelt sich, Trug- und Traumbild zugleich, Laurins Rosengarten. Oberhalb der Pestkapelle St. Sebastian verläuft der beschauliche Höhenweg nun durch lichten Lärchenwald zum Völsegger Bild (1257 m), einem Marterl mit vielen Zirbelzapfen als Votivgaben.

Dann schlängelt sich der Pfad an erosionsgefährdeten Felswänden entlang zu einer aussichtsreichen Brotzeit-Kanzel, passiert das »Tal der Waldkäuze«, in dem sich ein paar seltsame Vögel mit dem Schnitzmesser ausgetobt haben, und erreicht das Gasthaus Schönblick (1190 m) hoch über dem Tierser Tal.
Ab hier geht es mit der Wegmarkierung 0 zurück nach Ums.

»Alm-Rausch« in der Vorhölle

Lohnend ist übrigens eine Stippvisite im Hotel Heubad in Völs, dem ehemaligen Merlhof. 1903 wurde hier das Völser Heubadl kreiert. Der grüne Rohstoff stammt von den einmähdigen Wiesen am Schlern und hat

Brotzeit-Angebot auf der Tschafonhütte

Schlernmassiv bei Ums

einst die reichen Südtiroler Weinbauern von ihren Zipperlein kuriert, schmunzelt Heubadwirtin Maria Kompatscher.

Ein Heubad entspricht sieben Wein- und Schnapsbädern, haben die Weinbauern damals gesagt!

Dabei hat dann so mancher alle Englein singen hören in der gärenden »Vorhölle« – wie der dampfende Heustock hieß, in den die Mannsbilder gesteckt wurden. Heute geht es weitaus komfortabler zu im Merlhof und statt Walderdbeerkuchen gibt es Heusorbet im Restaurant. Wanderwellness geht schließlich auch durch den Magen.

Nach der Sauburg geht's ins Wirtshaus

Ritten und Jenesien sind bei den Boznern sehr beliebte Ausflugsziele. Vor allem im Hochsommer bieten die beiden Höhenzüge nördlich des Talkessels ein recht angenehmes Klima im Gegensatz zu der oft sehr schwülen und stickigen Atmosphäre in der Stadt. Diese Wanderung von Siebeneich etwas außerhalb von Bozen führt bergauf durch schattige Wälder an den Randbereich von Jenesien bis Glaning und von dort wieder hinunter nach Bozen. Ein abwechslungsreicher Weg mit einigen besonders reizvollen Einkehrmöglichkeiten. Ausgangspunkt der Wanderung ist das kleine Dorf Siebeneich (264 m) an der alten Staatsstraße von Bozen in Richtung Meran. Idealerweise fährt man von Bozen aus mit dem Bus nach Siebeneich. Dort angekommen, folgt man der Straße bergauf und geht auf dem Wanderweg 11a bis zu einer Wegkreuzung. Hier zweigt man rechts ab auf den Weg 11, der bergauf durch den Wald bis hinauf zur Ruine Greifenstein (746 m) führt. Nach etlichen Kehren und Windungen kommt der Weg schließlich bei der Ruine an, die im Volksmund auch Sauburg genannt wird. Dieser eigentümliche Name kommt daher, dass die einstigen Burgherren, die Ritter von Greifenstein, bei einer Belagerung den

Weinkenner kommen auch auf ihre Kosten!

info

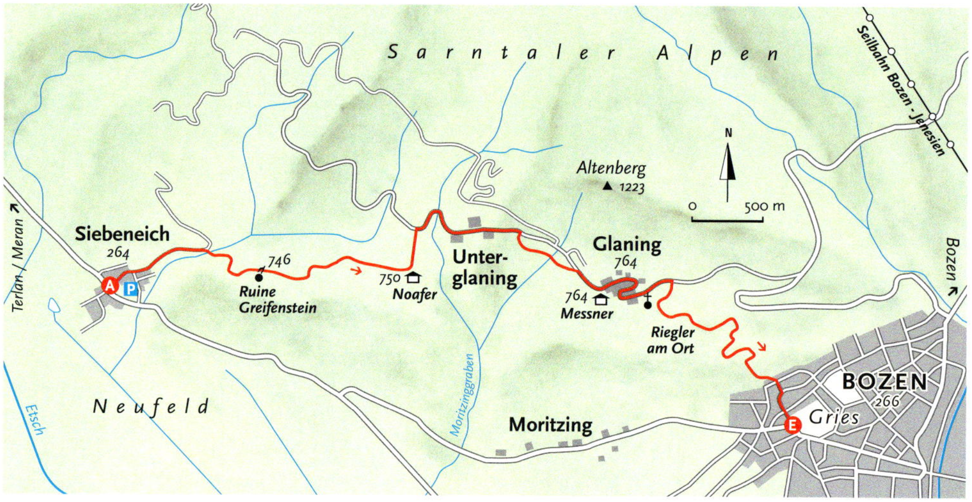

Halbtageswanderung
500 Höhenmeter
Mit Kindern ab 12 Jahren

Ausgangsort: Bozen-Siebeneich (264 m)

Charakter: Eine gemütliche Bergwanderung mit sehenswerten alten Gasthäusern

Beste Zeit: Mai bis Oktober

Gehzeit: 1 ½ Std. Aufstieg, 1 Std. Abstieg

Einkehr: Gasthaus Noafer (750 m); Gasthaus Messner (764 m)

Verlauf: Bozen-Siebeneich – Ruine Greifenstein – Unterglaning – Glaning – Bozen/Gries

Karte: Kompass Wanderkarte 54, Bozen, 1:50 000

Sonstiges: • Tourismusverein Bozen, Tel. 0471/307000, www.bolzano-bozen.it, E-mail info@bolzano-bozen.it
• Südtiroler Archäologiemuseum, Museumstraße, Tel. 0471/320100, www.iceman.it, Mo geschlossen

Das Gasthaus Messner in Glaning gehört zu den schönen alten Einkehrstationen auf dieser Tour.

Vor den Toren Bozens gibt es etliche reizvolle Gasthäuser. Neben dem Noafer und Messner empfehle ich noch den jüngst renovierten Föhrnerhof zwischen Glaning und Bozen, wo man stilvoll klassische Südtiroler Küche und einen feinen roten Magdalener genießen kann.

Markus Feichter,
Weinfachmann aus Bozen-Gries

Angreifern eine Sau präsentierten, um zu zeigen, wie sinnlos das Aushungern der Burgbewohner sei. Wer angesichts solcher Legenden Appetit auf eine herzhafte Mahlzeit bekommt, der sollte sich noch etwas gedulden. Von der Burg führt der Weg über eine Wiese weiter, setzt sich dann in einer Fahrstraße fort, die direkt zu einem kleinen Weiler mit einigen Bauernhöfen führt. Das vorderste Gebäude ist das alte Gasthaus Noafer (750 m), ein Lokal mit einer herrlichen alten Gaststube und traditionell Südtiroler Küche. Eine Marende – eine typische Südtiroler Brotzeit – kann zu diesem Zeitpunkt nicht schaden. Den Anstieg über gut 500 Höhenmeter hat man hinter sich. Danach geht es nur noch flach und bergab weiter. Vom Noafer führt nun eine schmale Straße nach Norden, die zu einer asphaltierten Straße stößt. Dort geht man rechts weiter auf der kurvenreichen Straße bis nach Glaning (764 m). Nach dem Gasthaus Messner, ebenfalls ein stattliches altes Wirtshaus, verlässt man auf dem Wanderweg 9 die Straße. Nun folgt ein längerer Abstieg über die Weiler Riegler und Schallbauer bis hinunter an die Stadtgrenze von Bozen. Man kommt zum Glaninger Weg und zur Alten Pfarrkirche von Gries und geht auf der Knoller Straße weiter bis zum Grieser Platz. Die Buslinie 1 bringt einen dann weiter ins Zentrum von Bozen.

Besuch bei Ötzi

Vorstellen muss man ihn ja nicht mehr. Aber einen Besuch beim 5300 Jahre alten Ötzi im Südtiroler Archäologiemuseum, den muss man trotzdem empfehlen. Denn in der neuen Heimat des Mannes vom Similaun-Gletscher kann man die Geschichte Südtirols von den ersten Anfängen bis zum frühen Mittelalter auf vier Etagen erleben. Und zwar sehr anschaulich mit vielen Funden, Videos, Hologrammen und Modellen.

Mit der ältesten Seilbahn auf den Bozner Hausberg

info

Bergabwanderung
50 Höhenmeter Aufstieg,
900 Höhenmeter Abstieg
Mit Kindern ab 12 Jahren

Ausgangsort: Bozen (266 m)

Charakter: Leichte Höhenwanderung auf dem kaum bekannten Ausflugsberg bei Bozen mit langem Abstieg

Beste Zeit: Mai bis Oktober

Gehzeit: 3–4 Std. ab der Bergstation

Einkehr: Jausenstation Kofler (700 m); Gasthaus Kohlerhof (430 m)

Verlauf: Bozen – Herrenkohlern – Burg Kampenn – Kohlerhof – Bozen

Karte: Kompass Wanderkarte 54, Bozen, 1:50 000

Sonstiges: • Tourismusverein Bozen, Tel. 0471/307000, www.bolzano-bozen.it, E-mail info@bolzano-bozen.it

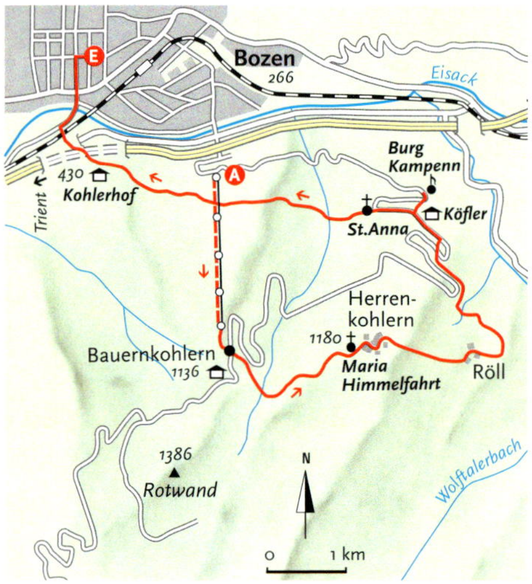

Die älteste Seilbahn der Welt

Sie wurde 1908 gebaut und gilt damit als angeblich älteste Seilbahn weltweit. Natürlich ist sie heute nicht mehr im Originalzustand. 1985 gab es eine umfassende Instandsetzung. Eine Kopie der Originalkabinen von 1908 steht bei der Bergstation. Heute verkehrt die Bahn halbstündlich und erreicht nach neun Minuten die Endstation auf 1136 m Höhe.

Schon in frühen Zeiten flohen die Bozner während der heißen und schwülen Sommertage hinauf auf die bewaldeten Berghänge rings um die Stadt. Neben Ritten und Jenesien war auf der anderen Seite des Talkessels die Gegend um Kohlern ein beliebtes Ziel. Kein Wunder also, dass 1908 die erste Seilbahn der Welt von Bozen hinauf nach Kohlern gebaut wurde. Während es die meisten Urlaubsgäste zum Ritten hinaufzieht, sind die waldreichen Hänge, die an die südöstliche Stadtgrenze anschließen, heute ein wenig bekanntes Ausflugsziel. Diese Rundwanderung durchquert die Gegend um Kohlern auf eine eher gemütliche Art, denn natürlich gehört auch die Bergfahrt mit der Seilbahn dazu.

Vom Stadtzentrum in Bozen kommt man mit der Buslinie 11 oder 14 zur Talstation der Seilbahn. Mit den kleinen roten Gondeln, die natürlich nicht mehr die Originalgarnitur von 1908 sind, sondern Mitte der achtziger Jahre gegen moderne Versionen ausgetauscht wurden, schwebt man in wenigen Minuten zur Bergstation (1136 m). Hier bietet es sich nun an, den 36 Meter hohen, aus Holz gebauten Aussichtsturm zu besteigen und die Aussicht auf die Bozner Region zu genießen. Die erste Etappe der Wanderung führt etwa eine Viertelstunde auf dem Fahrweg, der als Weg R ausgeschildert ist, nach Osten bis nach Her-

Das Ötzi-Museum in Bozen

renkohlern (1180 m) und zur kleinen Kirche Maria Himmelfahrt. Der Weg verlässt nun die Fahrstraße und verläuft leicht bergab durch den Wald bis zum Weiler Röll, der nach einer halben Stunde erreicht wird. Nun hält man sich auf diesem Weg nach Nordwesten, wandert weiter leicht bergab durch den Wald, kommt auf einen gepflasterten Weg, dann auf eine Fahrstraße und landet schließlich bei der mächtigen Burg Kampenn (700 m), einem wehrhaften Gebäude, das seine Ursprünge im 12. Jahrhundert hat, heute aber nicht öffentlich zugänglich ist. Gleich neben der Burg ist die Jausenstation Kofler (700 m), ein gemütliches Südtiroler Gasthaus, in dem man sich für den letzten Abschnitt hinunter ins Tal stärken kann. Vom Kofler sind es nur wenige Minuten auf dem Weg S, dem Schulsteig, hinüber nach Kampenn und zur kleinen Kirche St. Anna. Von der Kirche führt der Weg weiter nach Westen durch den Wald, quert die Seilbahn und kommt schließlich zum Gasthaus Kohlerhof (430 m). Rechts führt nun ein Steig hinunter zur Talstation. Alternativ kann man auch weiter auf dem Schulsteig bis Virgl hinunter an die Stadtgrenze von Bozen wandern. Unten kommt man direkt zum Eisackufer und kann über die Loretobrücke und die Eisackstraße direkt zum Waltherplatz flanieren.

Die Einkehrstationen gehören zu dieser Tour wie die herrliche Aussicht auf Bozen und Umgebung. Ich empfehle neben dem Gasthof Kohlerhof mit seiner schönen Terrasse und der Jausenstation Kofler auf dem Weg ins Tal noch die Buschenschank Grafhof.

Doris Gotter, Hotelmanagerin aus Bozen

Obstmarkt in Bozen

Wo Sella, Seiser Alm und Sennes locken

Dolomiten

Genusstour an einem der mächtigsten Dolomitengipfel

Der markante Peitlerkofel – eigentlich sind es ja zwei Gipfel, der Große und Kleine Peitlerkofel – überragt den Naturpark Puez – Geisler und gehört zu den beliebtesten Zielen für Bergtouren, ist also an sonnigen Wochenendtagen gut frequentiert. Die Rundwanderung ist bis auf den etwas steileren Anstieg zur Peitlerscharte relativ gemütlich und belohnt mit einer grandiosen Aussicht. Wer von der Scharte aus den 2875 Meter hohen Gipfel erklimmen will, sollte jedenfalls trittsicher und schwindelfrei sein.

Ausgangspunkt dieser Tour ist das Würzjoch (1987 m). Die Passhöhe zwischen Eisack- und Gadertal erreicht man entweder über Brixen (schneller und bequemer) oder über das Pustertal und die Gadertalstraße. Direkt am Würzjoch beim Parkplatz nahe dem Gasthaus Ütia de Börz beginnt auf der Südseite der Straße der Wanderweg 8a. Recht kommod verläuft der Weg über Bergwiesen nach Süden, macht einen Linksbogen und steigt bei den Kompatschwiesen etwas an, bis dann die Fornella-Hütte (2067 m) erreicht wird. Bei der Hütte hält man sich rechts und folgt weiter dem Weg 8a. Die Tour verläuft ohne größere Steigungen entlang der Felswände des Peitlerkofels bis zum Schartenbach. Hier beginnt nun der etwas steilere Anstieg hinauf zur Peitlerscharte (2357 m). Dies ist auch der höchste Punkt des Rundwanderweges. Auf der Südseite der Scharte folgt nun der ebenfalls etwas steilere Abstieg hinunter zu den Peitlerwiesen. Nach gut 200 Höhenmetern kreuzt man den Wanderweg 35 und folgt diesem nach links. Der Rest der Tour verläuft nun ohne große Anstrengungen auf einer Höhe zwischen knapp 2000 und 2100 Metern. Der gemütliche, leicht bergauf und bergab nach Nordosten verlaufende Weg quert die Almwiesen und führt bis zum Gömajoch (2111 m). Nach dem Joch hält man sich links und geht auf dem Weg 8b weiter. Durch den Bergwald und über Latschenfelder wandert man nun leicht bergab an der Nordflanke des Peitlerkofels entlang. Vor der Göma-Hütte

Argwöhnisch beobachten Gämsen die Wanderer.

Mehr Gasthof als Hütte: das Würzjochhaus auf der Passhöhe

Einer der markantesten und populärsten Gipfel in Südtirol: der Peitlerkofel

(2053 m) verläuft der Weg wieder etwas bergauf und zweigt kurz vor der Hütte links ab. Der Weg hält sich entlang des Felsstocks des Peitlerkofels, bis schließlich die Fornella-Hütte noch einmal erreicht wird. Das letzte Stück zurück verläuft wieder über die Kompatsch-Wiesen zurück zum Würzjoch.

Ein einmaliges Erlebnis ist der Sonnenaufgang vom Peitlerkofel aus. Dazu gehen wir im Sommer mit unseren Gästen frühmorgens bei Dunkelheit hinauf, damit wir rechtzeitig am Gipfel sind.

Fritz Bromberger,
Wirt vom Almgasthof Würzjoch

Ausflug in die ladinische Kultur

Nur wenige Kilometer vom Würzjoch entfernt in St. Martin in Thurn im Gadertal wurde im stattlichen Schloss Thurn das Museum Ladin eingerichtet.
Die dort befindliche Ausstellung präsentiert dem Besucher einen Streifzug durch die Sprache und die Kultur der Ladiner und dokumentiert die Entstehung der Dolomiten. Außerdem finden im Schloss und im Innenhof zahlreiche Ausstellungen und Konzerte statt.
Zwischen St. Martin in Thurn und dem Würzjoch kann man in Valander noch einem letzten Südtiroler Bauernbad einen Besuch abstatten.

info

Höhenwanderung
400 Höhenmeter (mit Gipfelbesteigung 900 Höhenmeter)
Mit Kindern ab 12 Jahren

Ausgangsort: Würzjoch (1987 m)

Charakter: Beliebte und landschaftlich reizvolle Höhenwanderung mit einem steileren Anstieg

Beste Zeit: Juni bis September

Gehzeit: Aufstieg zur Peitlerscharte 1 ½–2 Std., Abstieg 3–3 ½ Std.

Einkehr: Fornella-Hütte (2067 m); Göma-Hütte (2053 m)

Verlauf: Würzjoch – Fornella-Hütte – Peitlerscharte – Gömajoch – Göma-Hütte – Würzjoch

Variante: Von der Peitlerscharte bietet sich auf einem anspruchsvollen Klettersteig ein Abstecher zum Gipfel des Peitlerkofel an; etwa 2 ½ Std. hin und zurück

Karte: Tabacco Wanderkarte 030, Brixen – Villnösstal, 1:25 000

Sonstiges: • Tourismusverein St. Martin in Thurn, Tel. 0474/523175, www.sanmartin.it, E-mail info@sanmartin.it
• Museum Ladin im Schloss Thurn in St. Martin in Thurn, www.museumladin.it

Romantische Kulturwanderung im unbekannten Campilltal

info

Bergtour
900 Höhenmeter
Mit Kindern ab 12 Jahren

Ausgangsort: Parkplatz Campilltal (1490 m)

Charakter: Eine abwechslungsreiche Rundwanderung mit überraschenden Sehenswürdigkeiten

Beste Zeit: Ende Mai bis Oktober

Gehzeit: Aufstieg 2–3 Std., Abstieg 2–3 Std.

Einkehr: Schlüterhütte (2237 m)

Verlauf: Parkplatz Campilltal – Seres – Mühlental – Kreuzkofeljoch – Schlüterhütte – Kreuzjoch – Campilltal

Karte: Kompass Wanderkarte 56, Brixen, 1:50 000

Sonstiges: • Tourismusverein St. Martin in Thurn, Tel. 0474/523175, www.sanmartin.it, E-mail info@sanmartin.it
• Tipp: Zur Stärkung nach Abschluss der Tour bietet es sich an, vom Parkplatz noch das kurze Stück die Straße hinauf nach Seres zu gehen und beim Hof Lüch de Vanc einzukehren. Im alten Bauernhof findet man eine schöne Gaststube, wo Rosalia Clara hausgemachten Speck und Kaminwurzen serviert.

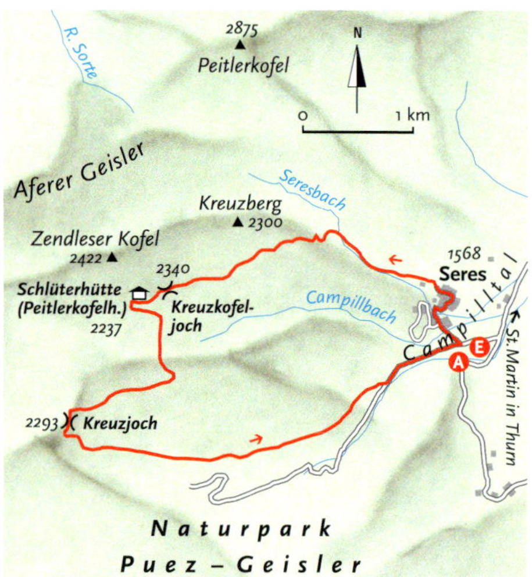

Auf dem Weg zu den Mühlen im Campilltal

Es gibt nicht wenige, die behaupten, das stille Campilltal sei das schönste in ganz Südtirol. Tatsächlich zeichnet sich das Sacktal, das bei St. Martin in Thurn im Gadertal nach Südwesten abzweigt und vor der Geislergruppe endet, durch eine Mischung aus pittoresker Gebirgslandschaft und ursprünglicher bäuerlicher Kultur aus. Erfreulicherweise hält sich auch der Autoverkehr im Campilltal sehr in Grenzen, was in Südtirol ja nicht selbstverständlich ist. Unter den vielfältigen Wandermöglichkeiten rund um Geisler und Peitlerkofel ist der Mühlenweg besonders reizvoll: eine abwechslungsreiche und landschaftlich beeindruckende Tour vorbei an einigen alten Mühlen hinauf zur bekannten Schlüterhütte mit einem Abstecher in Richtung Geislergruppe und schließlich über das Kreuzjoch wieder zurück zum Ausgangspunkt.

Vom Parkplatz am Talende (1490 m) geht man zuerst die asphaltierte Straße hinauf zum Weiler Seres (1568 m) auf der Sonnenseite des Tales und von dort über herrliche Almwiesen bergwärts auf dem Weg 4 in Richtung Peitlerkofel. Oberhalb von Seres kann

Energiegewinnung von anno dazumal – sauber und fast geräuschlos

Früher waren die Mühlen wichtig für den Lebensunterhalt, heute sind sie eine touristische Attraktion.

man auf dem rund 1 ½ Kilometer langen Weg durch das Mühlental entlang des Seresbaches die alten Mühlen bewundern. Vom Mühlental geht es nun weiter nach Westen in Richtung Kreuzkofeljoch (2340 m) und Schlüterhütte (2237 m). Die Hütte, die man nach einigen kurzen steileren Anstiegen erreicht, ist wegen der grandiosen Aussicht auf Geisler und Peitlerkofel (und nicht zuletzt, weil auf dem Rückweg keine weiteren Hütten mehr folgen werden) ein idealer Platz für eine Einkehr. Weiter geht es nun nach Süden auf dem weitgehend flachen Weg 3 bis zum Kreuzjoch (2293 m). An der Wegkreuzung folgt man nun links dem Weg 5 und geht über Wiesen und durch schattigen Bergwald gemütlich bergab hinunter ins Campilltal. Der letzte Abschnitt verläuft auf der Talstraße, bis man schließlich den Parkplatz erreicht.

Der Mühlenweg

Für die Existenz der Bergbauern waren die Mühlen in Campill früher lebensnotwendig. Ihre Räder wurden vom Wasser des Seresbaches angetrieben und es wurde dort vor allem das Getreide gemahlen. Mit EU-Geldern wurden die alten Mühlen renoviert und können heute auf dem rund 1 ½ Kilometer langen Mühlenweg entlang des Baches besichtigt werden.

29

Zur Wallfahrtskirche Heiligkreuz

Schöne Aussichten an einem heiligen Ort

Auch wenn sie vom Tal aus nicht zu erkennen ist, die berühmte Wallfahrtskirche Heiligkreuz im Gadertal ist ein überaus beliebtes Ziel für Bergtouren. Eine eher gemütliche Tour, die vom Tal bis zum Ziel direkt an den Felswänden des Kreuzkofels endet. Ausgangspunkt ist das kleine Dorf Pedratsches (1324 m), unter den Gemeinden im Gadertal die urtümlichste Ortschaft. Von Pedratsches geht man zum Weiler St. Leonhard und folgt dann dem Wanderweg 7 in Richtung Heiligkreuz. Der Weg folgt dem Verlauf des Sessellifts über den Weiler Ciancei und erreicht schließlich die Lee-Hütte (1820 m) am Lee-See. Die bekannteste Hüttenmahlzeit ist wahrscheinlich Spiegeleier mit Speck und Bratkartoffeln. Aber auch Schweinsrippen mit Sauerkraut sind gefragt. Man kann die Strecke abkürzen, indem man bis hierher den Sessellift nimmt. Gut 500 Höhenmeter hat man bereits absolviert. Die restlichen etwa 200 Höhenmeter stellen keine großen Anforderungen mehr. Auf einer Forststraße geht man nun eine gute halbe Stunde, bis man zur Wallfahrtskirche und zum Hospiz (2045 m) kommt. Egal, wie lange Sie nun zu Fuß oder mit dem Sessellift unterwegs waren, den Kaiserschmarrn im Hospiz sollten Sie sich nicht entgehen lassen, denn der ist die Spezialität des Hauses. Besonders stimmungsvoll ist diese Wanderung vor allem am späten Nachmittag, wenn die Sonne die Felswände des Kreuzkofels und der La Varella sanft rot leuchten lässt und die Almwiesen satt grün schimmern. Zurück zum Ausgangspunkt kommt man am schnellsten auf dem gleichen Weg, noch schneller geht es natürlich mit dem Lift talwärts. Aber angesichts der herrlichen Landschaft ist das fast ein wenig schade.

Am schönsten ist es in Heiligkreuz, wenn am späten Nachmittag die meisten Besucher wieder unten sind und die tief stehende Sonne die Felswände rot leuchten lässt.

Marcello Varallo, Ex-Skirennläufer und Präsident des Skiweltcups in Alta Badia

info

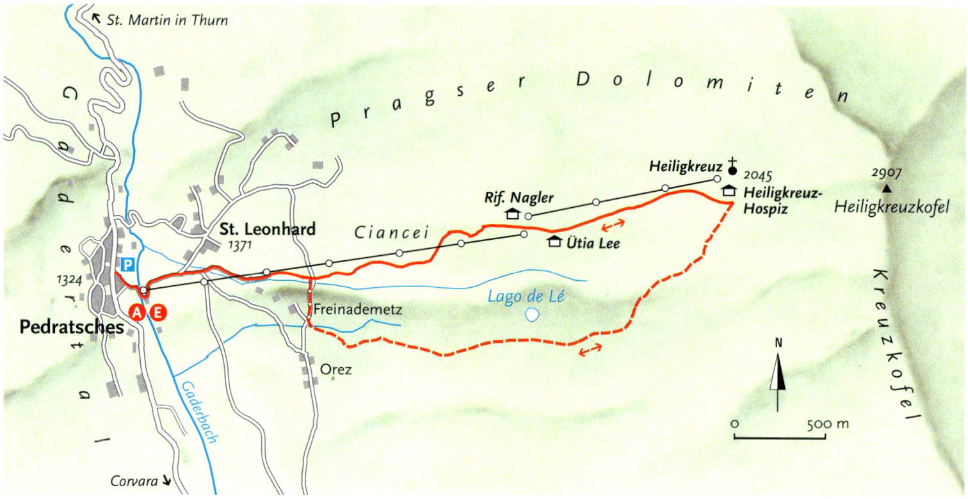

Bergwanderung
800 Höhenmeter
Mit Kindern ab 12 Jahren

Ausgangsort: Pedratsches (1324 m) im Gadertal

Charakter: Die berühmte Wallfahrtskirche ist nicht nur wegen des leichten Anstiegs, sondern auch wegen der reizvollen Einkehrmöglichkeiten ein beliebtes Wanderziel

Beste Zeit: Ende Mai bis Oktober

Gehzeit: Aufstieg 1–2 Std., Abstieg 1–2 Std.

Einkehr: Hospiz Heiligkreuz (2045 m)

Verlauf: Pedratsches – Lee-Hütte – Heiligkreuz – Lee-Hütte – Pedratsches

Variante: Alternativer Rückweg auf dem Weg 13 über Freinademetz (vorbei am Geburtshaus des unlängst heilig gesprochenen China-Missionars Pater Josef Freinademetz)

Karte: Tabacco Wanderkarte 07, Alta Badia, 1:25 000

Sonstiges: • Tourismusverein Alta Badia, Tel. 0471/836176, www.altabadia.org, E-mail info@altabadia.org
• Betriebszeiten des Sessellifts: 8.30–12.30 und 14–18 Uhr

Wallfahrtskirche Heiligkreuz

Gut 1000 Jahre ist es her, dass der Diakon Volkhold an dieser Stelle zusammen mit einem Knecht in alpiner Einsamkeit sein frommes Leben führte. Ein halbes Jahrtausend später, genau genommen im Jahr 1484, wurde die Wallfahrtskirche geweiht.

Mitte des 17. Jahrhunderts vergrößerte man die Kapelle und versah sie mit einem Turm. 1718 wurde ein Schutzhaus mit Wohnung für den Kirchendiener und eine Gaststätte für die Pilger daneben gebaut.
1985 renovierte man die Wallfahrtskirche umfassend. Das spätgotische Gotteshaus mit neugotischen Altären ist eine der bedeutendsten Wallfahrtskirchen Südtirols und deshalb auch ein sehr beliebtes Wanderziel. Auch heute finden sich Wanderer und Pilger in den getäfelten Stuben ein, wo sie von den Wirtsleuten mit Leckerbissen verwöhnt werden.

Ausflugsziel und Wallfahrtsstätte: die Kirche von Heiligkreuz

Durch die Mondlandschaft im Naturpark Puez–Geisler

Hochalpine Höhenwanderung im Herzen der Dolomiten

Die Puezhütte im Naturpark Puez – Geisler ist zweifellos ein Klassiker unter den Tourenzielen. Herrlich gelegen in bizarrer Felslandschaft zwischen Gröden und Alta Badia, ist die Hütte über mehrere Wegvarianten erreichbar. Diese Tour von La Villa in Alta Badia ist weniger bekannt und hat dazu noch den Vorteil, dass man einen nicht unerheblichen Teil des Höhenunterschieds mit dem Sessellift absolvieren kann. Insgesamt eine lange, aber nicht sehr anspruchsvolle Tour, dafür landschaftlich sehr beeindruckend in einer der schönsten Ecken der Dolomiten.

Man startet die Tour in La Villa, wo man wenige Meter von der Talstraße entfernt zunächst den Sessellift nimmt. An der Bergstation (ca. 1900 m) geht man nun auf dem Weg 15 in Richtung Gardenaccia-Hütte. Gut 1 Stunde wandert man größtenteils durch den Wald mit einigen steileren Anstiegen, bis die Hütte (2050 m) erreicht ist. Von der Hütte folgt nun ein längerer Abschnitt weiter auf dem Weg 15 über Wiesen und durch steiniges Terrain – eine karge, verkarstete Hochfläche, die wie eine Mondlandschaft wirkt. Leicht bergauf geht es über den Passo Gardenaccia nach Westen, bis man nach etwa 2 ½ Stunden die Puezhütte (2475 m) erreicht. Zeit für eine Pause und eine Stärkung, denn auch der Rückweg ist noch ziemlich lang und beginnt zunächst mit einer längeren Bergaufpassage. Von der Puezhütte geht man dann auf dem Weg 11 nach Nordosten und kommt nach einem längeren Anstieg schließlich bis vor den 2668 Meter hohen Ciampani-Gipfel. Nun folgt man dem Weg 1 bzw. 1a

info

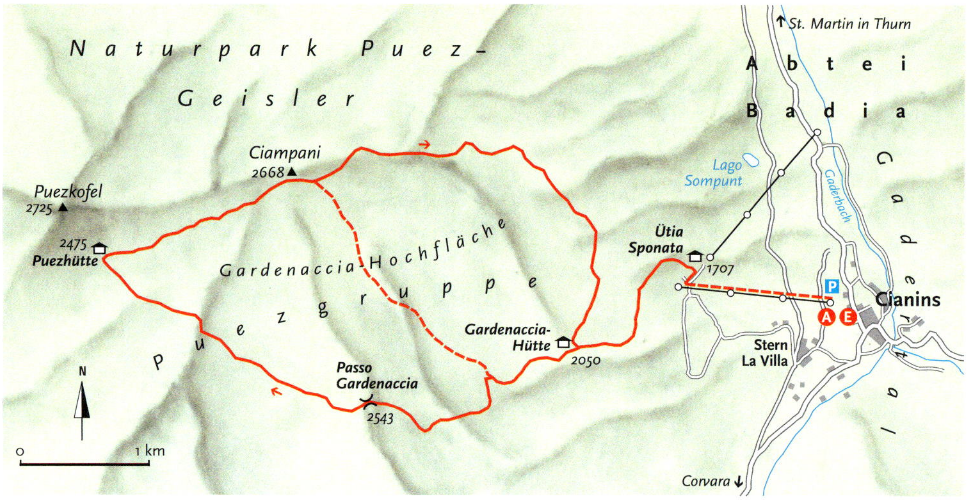

Bergtour
1100 Höhenmeter
Mit Kindern ab 14 Jahren

Ausgangsort: La Villa (1433 m) im Abteital

Charakter: Ein Klassiker unter den Bergtouren in den Dolomiten mit einer bekannten Hütte als Ziel

Beste Zeit: Juni bis September

Gehzeit: Aufstieg 3–4 Std., Abstieg 3–4 Std.

Einkehr: Puezhütte (2475 m), Gardenaccia-Hütte (2050 m)

Verlauf: La Villa – Gardenaccia-Hütte – Puezhütte – Ciampani – Gardenaccia-Hütte – La Villa

Variante: Alternativer und vergleichbar langer Rückweg vom Ciampani zur Gardenaccia-Hütte über den Weg 11

Karten: Tabacco Wanderkarte 07, Alta Badia, 1:25 000; Kompass Wanderkarte 59, Sellagruppe, 1:50 000

Sonstiges: • Tourismusverein Alta Badia, Tel. 0471/836176, www.altabadia.org, E-mail info@altabadia.org
• Der Lift von La Villa verkehrt täglich außer Do von 8.30–13 und 14–17 Uhr

Von Pedratsches aus geht es in den Naturpark Puez-Geisler.

↑ Bizarre Landschaft: die verkarstete Hochfläche bei der Puezhütte

nach Osten und wandert auf dieser langen, aber nicht allzu anstrengenden Strecke schließlich nach Süden bis zur Gardenaccia-Hütte. Hier kann man sich nun mit frischen Getränken versorgen, bevor man das letzte Stück, das ja vom Hinweg schon bekannt ist, hinunter zur Bergstation des Sessellifts angeht. Die gemütliche Talfahrt ist nun ein kommoder Ausklang dieser langen und abwechslungsreichen Tour. Die geschundenen Beine haben nach dem langen Marsch eine Erholung verdient und man genießt unterwegs in Richtung La Villa den Ausblick auf Alta Badia, die gegenüberliegenden Felswände der La Varella und die Wallfahrtskirche von Heiligkreuz.

Wenn im August viele Menschen auf dem Weg zur Puezhütte unterwegs sind, empfehle ich eine weniger bekannte Variante über den Passo Svel.

Moritz Craffonara,
berühmter Hüttenwirt in La Villa

Naturpark Puez – Geisler

Als geologisches Geschichtsbuch wird der 10 700 Hektar große Naturpark Puez – Geisler oft bezeichnet. In der bizarren Felslandschaft auf rund 2500 Meter Höhe findet man alle für die Dolomiten typischen Gesteinsarten. Eingegrenzt wird der Naturpark durch das Würzjoch im Norden, das Grödner Joch im Süden, das Gadertal im Osten sowie durch das Grödner und Villnößtal im Westen. In jedem Fall beachten sollte man, dass in der Schutzzone das Pflücken von Blumen und Pilzen wie auch das Sammeln von Mineralien und Fossilien untersagt ist.

Wo gemütliche Hütten und deftige Mahlzeiten locken

info

Bergtour
900 Höhenmeter
Mit Kindern ab 12 Jahren

Ausgangsort: Pederü (1540 m) im Rautal

Charakter: Sehr abwechslungsreiche Rundwanderung mit steilen Passagen, gemütlichen Höhenwegen und erstklassigen Einkehrstationen

Beste Zeit: Ende Mai bis September

Gehzeit: 1–1 ½ Std. bis Senneshütte, 1 ½ Std. bis Ra-Stua, gesamt 4–5 Std.

Einkehr: Senneshütte (2122 m); Ra-Stua-Hütte (1668 m); Fodara-Vedla-Hütte (1972 m)

Verlauf: Pederü –Senneshütte – Ra-Stua-Hütte – Rifugio Fodara Vedla – Pederü

Variante: Wer die Tour abkürzen will, kann von der Senneshütte direkt auf demselben Weg wieder zurück gehen; gesamt etwa 2–3 Std.

Karte: Kompass Wanderkarte 55, Cortina d'Ampezzo, 1:50 000

Sonstiges: • Tourismusverein Alta Badia, Tel. 0471/836176, www.altabadia.org, E-mail info@altabadia.org

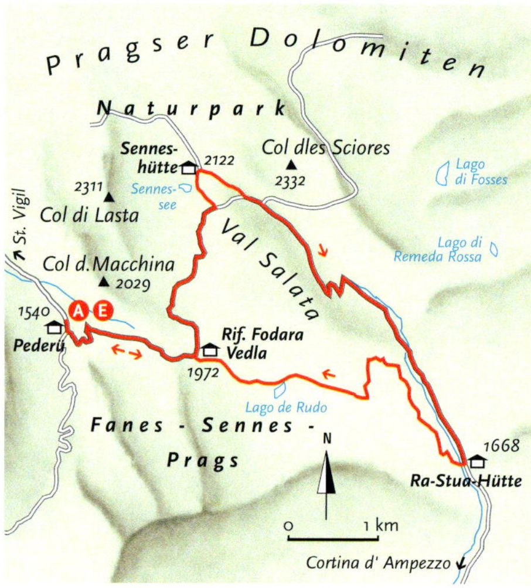

Die schmale Straße von St. Vigil durch das Rautal ist während der Sommersaison recht gut befahren. Der Grund dafür ist, dass die Endstation der Mautstraße in Pederü ein idealer Ausgangspunkt für zahlreiche Wanderungen im Naturpark Fanes – Sennes – Prags ist. Während das Gros der Wanderer und Biker die Straße rechts hinauf zur Fanesalm wählt, scheint die linke Variante nicht so beliebt zu sein. Aus offensichtlichem Grund, denn anfangs ist die ehemalige Militärstraße extrem steil und anstrengend. Allerdings wird das gut halbstündige Sportprogramm belohnt, denn oben wird der Weg deutlich flacher und man geht dann bequem die letzten Meter bis zur Almfläche der Fodara Vedla. Hier geht es nun links weiter auf der Forststraße in Richtung Sennes. Eine gemütliche Forststraße führt anfangs ein Stück durch den Wald, dann über Latschenfelder weiter bis zur Sennes-Alm, die man von Fodara Vedla aus in etwa einer halben Stunde erreicht. Auf der beliebten Senneshütte (2122 m) bietet sich eine Einkehr an. Der nächste Abschnitt dieser Rundwanderung verläuft auf der Forststraße bergab in Richtung Ra Stua. Die Straße ist anfangs etwas steinig, verläuft durch eine Schlucht und quert dann abwechslungsreiches Gelände. Eine knappe Stunde geht man

Eigenwillige Gesteinsformationen im Naturpark Fanes-Sennes-Prags

Fodara-Vedla-Hütte und blühende Almwiese

bis zur nächsten Station, der Ra-Stua-Hütte (1668 m), die gut 450 Höhenmeter unterhalb der Sennes-Alm liegt. Ein Stück oberhalb von Ra Stua zweigt eine alte Militärstraße in Richtung Fodara Vedla ab. Der erste Teil dieses Anstiegs durchquert den Bergwald, wird dann flacher und erreicht später die Almwiesen der Fodara Vedla auf knapp 2000 Meter Höhe. Etwa 1 ½ Stunden muss man für den Aufstieg von Ra Stua zur Fodara Vedla einrechnen, bis die beliebte Hütte der Familie Mutschlechner erreicht ist. Hier gibt es neben einer ausgesprochen guten Küche auch schöne Gästezimmer (man muss auf Hütten nicht zwangsweise in Schlafsälen darben). Die Terrasse der Hütte und vor allem die Spezialität des Hauses, der Apfelstrudel, sind gute Gründe für eine letzte Einkehr vor dem Weg hinunter ins Tal. Von der Hütte geht man zunächst auf flachem Gelände auf der ehemaligen Militärstraße in Richtung Pederü, bis dann die steilen Serpentinen hinunter ins Tal kommen. Diese letzten Kehren sind etwas mühsam, vor allem wenn im Sommer der Schotter trocken und staubig und die Rutschgefahr etwas größer ist. Doch das Ziel vor Augen, übersteht man auch diese letzten Strapazen.

Ein besonderes Erlebnis ist es, spätnachmittags zur Hütte zu kommen, in der Abendstimmung einen Abstecher hinauf zum Sass Dla Para zu machen, wo man einen herrlichen Blick auf Cortina hat, und abends die Hüttenstimmung zu genießen. Am nächsten Morgen dann kann man nach einem kräftigen Frühstück die Tour fortsetzen.

Lorena Mutschlechner
von der Fodara-Vedla-Hütte

Senneshütte

Die Senneshütte wurde zwischen 1937 und 1939 von der Familie Palfrader erbaut, in deren Besitz sie auch heute noch ist. Im Vergleich zu heute war sie damals noch recht klein. 1985 wurde die Hütte umfangreich ausgebaut und bietet neben den üblichen Schlafräumen auch komfortable Doppelzimmer. Wer dort übernachten will, kann auch einen Transportservice von Pederü aus in Anspruch nehmen. Mehr Infos unter www.sennes.com oder unter Tel. 0474/501092

Fodara-Vedla-Hütte mit Hoher Gaisl

Eine sagenhafte Rundtour in einer der schönsten Ecken der Dolomiten

info

Bergtour
900 Höhenmeter
Mit Kindern ab 14 Jahren

Ausgangsort: Haltestelle Sare (1663 m) an der Straße zum Valparolapass oberhalb von St. Kassian

Charakter: Eine der schönsten und beliebtesten Höhenwanderungen in den Dolomiten vor grandioser Bergkulisse

Beste Zeit: Ende Mai bis Ende Oktober

Gehzeit: Aufstieg 2–3 Std., Abstieg 3–4 Std.

Einkehr: Fanes-Grande-Hütte (2100 m); Faneshütte (2060 m); Lavarellahütte (2050 m)

Verlauf: Capanna Alpina – Col de Locia – Große Fanesalpe – Limosee – Faneshütte – Lavarellahütte – Forcela de Medesc – St. Kassian

Variante: Alternativer Rückweg über den Col de Locia wie beim Aufstieg (etwas leichter)

Karte: Kompass Wanderkarte 55, Cortina d'Ampezzo, 1:50 000

Sonstiges: • Tourismusverein Alta Badia, Tel. 0471/836176, www.altabadia.org, E-mail info@altabadia.org

Zum Baden vermutlich etwas zu kalt: der Limosee

Die von monumentalen Felsformationen umgebenen verkarsteten Hochebenen bilden eine bizarre Landschaft. Die Fanes hat mit ihrem eigenwilligen Aussehen seit jeher die Fantasie der Menschen angeregt und für allerhand Sagen und Mythen gesorgt. Kein Wunder, dass die Hochebene im Naturpark Fanes – Sennes – Prags auch heute ein beliebtes Ziel für Bergtouren ist. Allerdings ist die Fanesalm für Bergwanderer von Südtiroler Seite nur von zwei Seiten zugänglich: einmal über das Rautal und Pederü oder von Alta Badia aus über den Col de Locia. Letzterer ist der attraktivere, wenn auch etwas längere und anstrengendere Zugang.

Die Tour beginnt vom Gadertal aus mit einer Fahrt mit dem öffentlichen Bus in Richtung Valparola bis zur Haltestelle bei Sare. Dort geht man nun links die Straße entlang bis zum Parkplatz Capanna Alpina. Das ist zunächst kein besonders reizvoller Weg, doch dann wandert man auf dem abwechslungsreichen und später immer steiler werdenden Weg 11 hinauf zum Col de Locia (2069 m). Hier hat man nicht nur eine herrliche Aussicht, hier beginnt auch der lange und beeindruckende Weg über die Große Fanesalpe bis zur Fanes-Grande-Hütte (2100 m), die rechts vom Weg steht. Nun geht es geradeaus weiter zum Limosee ein Stück bergauf und schließlich steil

Typisch für das Fanesgebiet sind die Murmeltiere.

Eine weite und teils fast ebene Hochfläche, die von steilen Gipfeln eingerahmt ist – die Fahnesalm

hinunter zur Faneshütte (2060 m), einem großen und ziemlich modernen Gasthaus. Alternativ kann man nach der Faneshütte links in wenigen Minuten die Lavarellahütte (2050 m) erreichen.
Für den Rückweg ins Tal folgt man von der Lavarellahütte dem Weg 12, geht leicht bergauf zunächst über Latschenfelder und erreicht nach etwa 2 ½ Stunden die Forcola de Medesc (2533 m). Zwischen den Gipfeln des Piz de Medesc und La Varella führt der Weg 12 relativ steil talwärts und später geht es über sanft abfallende Almwiesen auf dem Weg 15 links in Richtung St. Kassian. Ein gelungener Abschluss für diese lange Rundwanderung, auf der man die herrliche Landschaft der Fanes ziemlich umfassend erschlossen hat.

Der schönste Abschnitt dieser Tour ist der Weg über die große Fanesalm zum Limosee. Eine Variante: Von dort kann man in 2 Stunden durch das herrliche Fanestal in Richtung Cortina gehen und mit Kleinbussen in den Ort fahren. Zurück nach Alta Badia kommt man mit dem Taxi.

Hugo Pizzinini,
Hotelier aus St. Kassian

Naturpark Fanes–Sennes–Prags

Die faszinierende Landschaft im Herzen der Dolomiten gehört zu einem der größten Naturparks Südtirol. Rund 25 600 Hektar umfasst der Naturpark mit den typischen verkarsteten Hochflächen, die von monumentalen Felsformationen umgeben sind und für die auch die vielen kleinen Bergseen sehr charakteristisch sind. Wer sich ausführlich über den Park informieren will, sollte dem Naturparkhaus in St. Vigil einen Besuch abstatten. Das im modernen alpinen Stil gebaute Haus steht am Ortsrand in Richtung Rautal.

In der Bilderbuchlandschaft am Sellajoch

Das mächtige Felsmassiv des Langkofels ist eine Art Wahrzeichen des Grödner Tals und einer der populärsten Gipfel der Dolomiten. Nun ist die Besteigung eher eine Sache für erfahrene Alpinisten. Aber eine Wanderung rund um den Felsstock vom Sellajoch aus hat den Charakter einer leichten, wenn auch relativ langen Höhenwanderung. Dass diese einfache und landschaftlich ausgesprochen reizvolle Runde bei vielen Wanderern beliebt ist, das muss einen nicht wundern. Wer die Einsamkeit vorzieht, der ist freilich auf dem Sellajoch ohnehin fehl am Platz.

Die klassische Runde beginnt wie erwähnt auf dem Sellajoch (2240 m). Zunächst wandert man gemütlich auf dem Weg 526 nach Norden in Richtung Grödner Tal durch die Steinerne Stadt, ein relativ ebenes, abwechslungsreiches Gelände mit vielen haushohen Gesteinsformationen. Nachdem der Weg mehrere Lifttrassen gekreuzt hat, erreicht man die berühmte Comici-Hütte (2153 m). Rechts erkennt man etwas oberhalb die Bergstation der Seilbahn von Plan de Gralba. Weiter führt die Tour nun ein wenig bergab zum Plan de Sosaslonch, dann über einen leichten Anstieg zum Piz Ciaulonch (2114 m). Von

← Das Langkofelmassiv gehört zu den höchsten und markantesten Gipfeln im Grödner Tal.

Nur für echte Alpinisten: steile Felswände, die das Sellajoch überragen

Höhenwanderung
600 Höhenmeter
Mit Kindern ab 12 Jahren

Ausgangsort: Sellajoch (2240 m)

Charakter: Ein Klassiker unter den Höhenwegen in den Dolomiten, landschaftlich reizvolle und nicht übermäßig anstrengende Tagestour, zur Hochsaison während der Ferien in Italien mitunter sehr überlaufen

Beste Zeit: Juni bis Oktober

Gehzeit: Bis zur Langkofelhütte 2 ½–3 Std., weiter zum Sellajoch 3 ½–4 Std.

Einkehr: Comici-Hütte (2153 m); Langkofelhütte (2256 m); Plattkofelhütte (2300 m); Sandro-Pertini-Hütte (2300 m); Friedrich-August-Hütte (2298 m)

Verlauf: Sellajoch – Comici-Hütte – Piz Ciaulonch – Piz da Uridl – Plattkofelhütte – Friedrich-August-Hütte – Sellajoch

Variante: Wer die Umrundung des Plattkofels weglassen will, kann über das Langkofelkar 500 Höhenmeter hinauf zur Scharte und zur Demetzhütte (2681 m) steigen und mit der Seilbahn hinunter zum Sellajoch fahren; gesamt 4 Std.

Karten: Tabacco Wanderkarte 05, Grödner Tal, 1:30 000; Kompass Wanderkarte 59, Sellagruppe, 1:50 000

Sonstiges: • Tourismusverband Gröden, Tel. 0471/792277, www.valgardena.it, E-mail info@valgardena.it

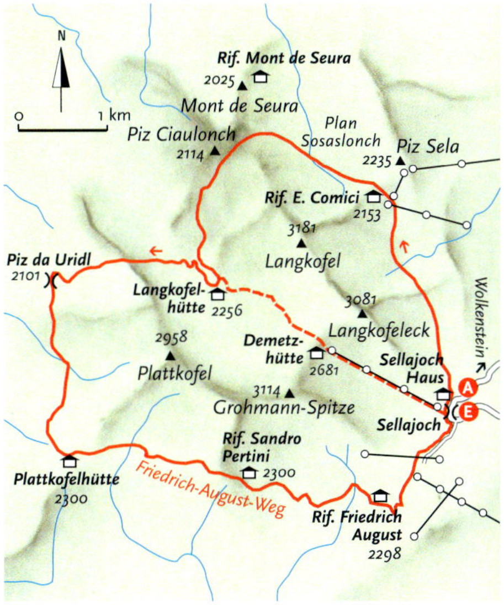

dort geht man nach Süden bis zur Kreuzung mit dem Steig, der von der Langkofelscharte herunter kommt (siehe Variante) und zur Langkofelhütte (2256 m). Von hier folgt man dem Weg 527, dem Ladinischen Höhenweg, und geht rund um den Plattkofel über den Piz da Uridl (2101 m) bis zur Plattkofelhütte (2300 m). Hier hält man sich nun links und wandert weiter ohne größere Höhenunterschiede auf dem Friedrich-August-Weg zunächst bis zur Sandro-Pertini-Hütte (2300 m), die nach dem ehemaligen italienischen Staatspräsidenten und Gröden-Liebhaber benannt ist, und kommt schließlich zur Friedrich-August-Hütte (2298 m) oberhalb des Sellajochs. Eigentlich ist diese Hütte ja ein komfortables Restaurant mit Gästezimmern. Der letzte Abschnitt führt nun bergab auf Almwiesen bis zum Sellajoch. Der gesamte Weg verläuft relativ konstant auf einer Höhenlage zwischen 2100 und 2300 Meter. Man geht auf gut ausgebauten Pfaden über Wiesen und Schutthalden. Und was vor allem wichtig ist, es gibt kaum eine klassische Bergtour in den Dolomiten, die derart reichhaltig mit Einkehrmöglichkeiten bestückt ist.

Sella Ronda im Sommer

Die berühmte Umrundung des Sellamassivs ist eigentlich als winterlicher Skiausflug bekannt. Aber auch im Sommer kann man mit Lift, Bus und natürlich zu Fuß die Sella umwandern. Für die fünf- bis achtstündige Tour über Wolkenstein, Grödner Joch, Kolfuschg, Arabba und Pordoipass gibt es die Sella Ronda Card, mit der man alle Lifte und Busse benützen kann. Sie kostet für Erwachsene 16 Euro. Jeden Dienstag werden in Gröden geführte Sella-Umrundungen angeboten. Info beim Tourismusbüro.

Hochalpine Exkursionen im Herzen der Sextener Dolomiten

info

Bergtour
1300 Höhenmeter
Mit Kindern ab 14 Jahren

Ausgangsort: Gasthaus Zum Klaus (1259 m) bei Sexten (1310 m)

Charakter: Stattliche Tagestour mit einem langen Anstieg zum Toblinger Knoten, die eine gute Kondition erfordert

Beste Zeit: Juni bis September

Gehzeit: Aufstieg 4–5 Std., Abstieg 2–3 Std.

Einkehr: Dreischusterhütte (1626 m); Drei-Zinnen-Hütte (2405 m); Talschlusshütte (1548 m)

Verlauf: Sexten – Innerfeldtal – Dreischusterhütte – Drei-Zinnen-Hütte – Fischleintal – Sexten

Karte: Tabacco Wanderkarte 010, Sextener Dolomiten, 1:25 000

Sonstiges: • Tourismusverband Hochpustertal, Tel. 0474/913156, www.drei-zinnen.info, E-mail info@altapusteria.net

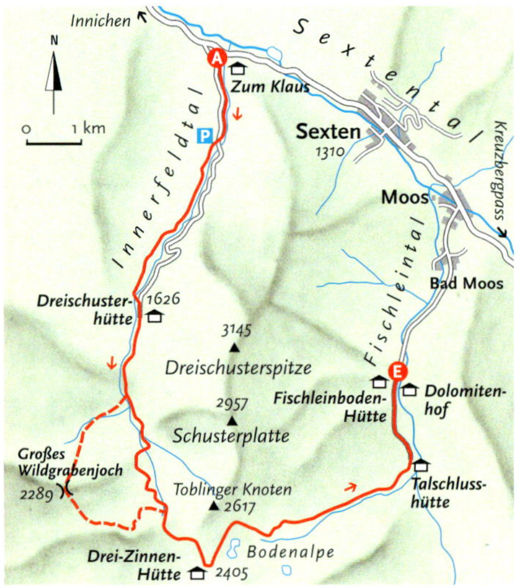

Eine der beliebtesten Bergtouren im Gebiet von Sexten im Hochpustertal führt mit einigen längeren Anstiegen und Bergabpassagen durch das Innerfeldtal und das Fischleintal rund um die 3145 Meter hohe Dreischusterspitze. Gut 6 Stunden Gehzeit muss man in jedem Fall einrechnen. Eine solide Tagestour also, der es an einladenden Hütten nicht fehlt. Ein Klassiker in der an reizvollen Bergtouren gewiss nicht armen Region rund um Sexten.
Um zunächst ins Innerfeldtal zu gelangen, kann man von Sexten aus entweder mit dem Auto auf der Straße nach Innichen bis zur Abzweigung beim Gasthaus zum Klaus und dann weiter ins Innerfeldtal bis zum Parkplatz fahren. Vernünftiger und auch bequemer ist es, wenn man von Sexten aus den Bus nimmt, beim Gasthaus aussteigt und zu Fuß ins Tal hineingeht. Nach gut 1 Stunde erreicht man den Parkplatz und die Schranke beim Antoniusstein (1509 m) und folgt dem Wanderweg 7a. Dieser Weg führt nun relativ gemütlich durch den Latschenwald und über Schotterhalden taleinwärts. Nach einer halben Stunde kommt man schließlich zur Dreischusterhütte (1626 m). Weiter geht es hinein ins Tal bis zu einer Gabelung. Hier endet der gemütliche Teil der Wanderung. Für den Aufstieg in Richtung Toblinger Knoten und zur Drei-Zinnen-Hütte bieten sich beide Wege an. Links zweigt der Wanderweg 105 ab, der relativ steil und kurvenreich hinauf in Richtung Toblinger Knoten und dann hinunter bis zur Drei-Zinnen-Hütte (2405 m) führt. Etwas leichter, dafür aber auch länger, ist der rechte Weg (Markierung 10,11) über das Wildgrabenjoch, wo kurz ein gesicherter

Hochalpin werden die Wege im Bereich der Drei-Zinnen-Hütte.

Die Sextener Dolomiten mit der Dreischusterspitze gehören zu den schönsten und beeindruckendsten Zielen für Bergwanderer.

Steig zu absolvieren ist und der ebenfalls die Drei-Zinnen-Hütte erreicht.
Von der Hütte aus geht man nun auf dem Weg 102, dem Dolomiten Höhenweg, relativ eben über die Bodenalpe. Anschließend führt der Weg hinunter bis zur Abzweigung zur Zsigmondy-Hütte. Danach wird der Weg 102 etwas breiter und bequemer und führt am Altensteiner Bach entlang hinunter in Richtung Fischleintal. Nächste Station ist die Talschlusshütte (1548 m), übrigens eine bei den Einheimischen sehr beliebte Einkehrstation. Der letzte Abschnitt durch das Fischleintal hinaus in Richtung Sexten ist ein gemütlicher und fast eben verlaufender Spaziergang bis zur Fischleinboden-Hütte (1454 m) am Ende der öffentlichen Straße. Das letzte Stück zurück nach Sexten kann man nun auf der linken Bachseite weiter auf dem Weg 102 gehen (1/2 Std.). Bequemer ist es natürlich mit dem Bus über Bad Moos.

Klettern bei jedem Wetter

Nicht nur für Kletterprofis, sondern auch für Anfänger eignet sich ein Ausflug in die Dolomit Arena in Sexten. Mit 16,5 Metern ist die Holz-Glas-Konstruktion die höchste Indoor-Kletterhalle Italiens. Senkrechte Wände und Überhänge locken dort ebenso wie Einrichtungen für weniger Geübte und eine Boulderhalle für Kinder. Schuhe, Gurte und Kletterseile kann man ausleihen. (Montag Ruhetag, Tel. 0474/710096)

Wunderbare Ausblicke von Südtirol ins Veneto

Von Bad Moos geht es hinauf zu den Rotwandwiesen unterhalb der Sextener Rotwand.

Auf keinen Fall versäumen sollte man den Abstecher nach Burgstall. Dort hat man einen 360-Grad-Panoramablick auf die Sextener Dolomiten.

Helga Aichner, Wirtin vom Hotel Kreuzbergpass und Wanderführerin

Hochalpine Bergtouren gibt es in den Sextener Dolomiten und in der Gegend um die berühmten Drei Zinnen genügend. Wer nun lieber eine gemütliche Wanderung mit maßvollen Anstiegen, also eine echte Genießertour vorhat, für den ist dieser Höhenwanderweg zwischen Rotwandwiesen und Kreuzbergpass ideal. Nicht zuletzt, weil man den überwiegenden Teil des Anstiegs mit der Seilbahn absolviert und der Weg ohne nennenswerte Anstiege zum gut 300 Höhenmeter tiefer gelegenen Pass führt.
Ausgangspunkt dieser Tour ist das kleine Bad Moos (1340 m) etwas südlich von Sexten am Eingang zum Fischleintal. Zunächst fährt man mit der Seilbahn hinauf zur Bergstation (ca. 1900 m) auf den Rotwandwiesen. Von den Almwiesen zu Füßen der 2965 Meter hohen Sextener Rotwand gibt es mehrere Möglichkeiten, hinüber zum Kreuzbergpass zu wandern. Zunächst geht man über die Rotwandwiesen ein Stück bergauf in Richtung Burgstall. Bei der Kreuzung wählt man den höher gelegenen Weg 15a. Zunächst ver-

Blick von Sexten nach Süden zur Sextener Rotwandspitze

läuft der Weg flach unterhalb der Rotwandköpfe und führt dann etwas bergauf und bergab oberhalb der Baumgrenze, wobei man einen schönen Ausblick auf die Gegend um Sexten und die angrenzenden Karnischen Alpen hat.
Anschließend führt der Weg etwas bergab entlang der Baumgrenze über Schotterhalden unterhalb des Neunerkogels. An der Kreuzung mit dem Weg 124, der zur Berti-Hütte hinaufführt, geht man nun links über Almwiesen und das Gelände der Skipisten hinunter zum Kreuzbergpass (1631 m). Einkehrmöglichkeiten gibt es hier auf der Passhöhe reichlich in den Hotels und Restaurants. Während der Wanderung gibt es keine Hütten, was keine große Entbehrung ist, da der Weg auch nicht allzu anstrengend ist.
Zurück nach Bad Moos bzw. nach Sexten kommt man bequem mit dem Bus. Die Haltestelle ist direkt auf der Passhöhe.

Die Sextener Sonnenuhr

Die Gipfel rund um den Zwölferkogel werden oft als größte steinerne Sonnenuhr der Welt bezeichnet. Diese Sonnenuhr wird von den Gipfeln von Neunerkogel, Elferkogel, Zwölferkogel und Einserkogel gebildet, und zwar beschreibt die Sonne zur Wintersonnwende einen Weg, bei dem sie zur jeweiligen Zeit genau über dem entsprechenden Gipfel steht. Also mittags genau über dem Zwölferkogel. Am besten zu erkennen ist dieser Effekt von der Straße zwischen Sexten und Moos aus. In Sexten sieht man diese Sonnenuhr nur noch teilweise.

Höhenwanderweg
Je nach Variante 50–250 Höhenmeter Aufstieg, 350–500 Höhenmeter Abstieg
Mit Kindern ab 12 Jahren

Ausgangsort: Bad Moos (1340 m)

Charakter: Eine gemütliche Höhenwanderung entlang der Rotwandköpfe zum Kreuzbergpass

Beste Zeit: Mitte Mai bis Oktober

Gehzeit: 2 Std.

Einkehr: Restaurants und Hotels auf dem Kreuzbergpass

Verlauf: Bad Moos – Rotwandwiesen – Katzengrat – Kreuzbergpass

Varianten: a) Die etwas tiefer gelegene Variante ist der Weg 18, der zunächst etwas bergab verläuft, dann weiter gemütlich durch den Bergwald über den Schellab-Boden direkt zum Kreuzbergpass führt; gesamt gut 2 Std.
b) Wer eine sportlich anspruchsvollere Wanderung bevorzugt, kann auch den Weg 15b wählen, der hinauf zum Burgstall (2168 m) führt. Allerdings muss man für diesen steileren und anspruchsvolleren Weg auch trittsicher sein; gesamt 2 ½ Std.

Karte: Tabacco Wanderkarte 010, Sextener Dolomiten, 1:25 000

Sonstiges: • Tourismusverband Hochpustertal, Tel. 0474/913156, www.drei-zinnen.info, E-mail info@altapusteria.net

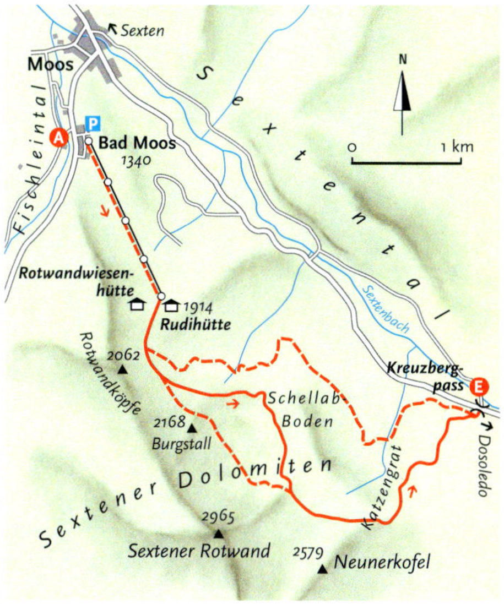

Der Klassiker unter den Höhenwegen in den Dolomiten

info

Bergwanderung
250 Höhenmeter
Mit Kindern ab 14 Jahren

Ausgangsort: Parkplatz bei der Auronzohütte (2298 m)

Charakter: Landschaftlich spektakuläre und dabei wenig anstrengende Rundwanderung

Beste Zeit: Ende Mai bis Oktober

Gehzeit: 2 Std. bis zur Drei-Zinnen-Hütte, 2 Std. zum Parkplatz an der Auronzohütte

Einkehr: Lavaredo-Hütte (2344 m); Drei-Zinnen-Hütte (2405 m); Auronzohütte (2320 m)

Verlauf: Auronzohütte – Lavaredo-Hütte – Paternsattel – Drei-Zinnen-Hütte – Forcella del Col de Mezzo – Auronzohütte

Karte: Tabacco Wanderkarte 010, Sextener Dolomiten 1:25 000

Sonstiges: • Tourismusverband Hochpustertal, Tel. 0474/913156, www.drei-zinnen.info, E-mail info@altapusteria.net

Gipfelstürmer

Als der Wiener Bergsteiger Paul Grohmann 1869 zusammen mit zwei Bergführern zum ersten Mal die Große Zinne bezwang, sollte es noch lange dauern, bis auch die extrem steile Nordwand erklommen wurde. Erst 1938 gelang dies dem berühmten italienischen Alpinisten Emilio Comici zusammen mit zwei Seilgefährten. Berühmt wurde auch der einheimische Bergführer Sepp Innerkofler, der als Erster die Nordwand der Kleinen Zinne durchstieg. Und dass sich später berühmte Bergsteiger wie Reinhold Messner, Hans Kammerlander und Alexander Huber hier verewigten, unterstreicht den Mythos der einmaligen Gipfel.

Die drei monumentalen Felstürme sind das unbestrittene Wahrzeichen der Dolomiten und locken jedes Jahr viele tausend Besucher. Der Aufstieg an den senkrechten Felswänden ist nur etwas für versierte Kletterer, man kann jedoch die berühmten Gipfel auch bei einer Rundwanderung erleben und bestaunen.
Und das ist, wie man sich vorstellen kann, an schönen Sommertagen auch eine Tour, die entsprechend frequentiert ist. Daran ändert auch die horrende Mautgebühr für die Straße hinauf zur Auronzohütte nichts, die man sich ersparen kann, wenn man mit dem Bus zur Auronzohütte fährt. Für die meisten ist der Preis wohl eine Art Eintrittsgeld zum schönsten und bekanntesten Klischee der Dolomitenwelt. Und dieses liegt zwar bereits auf dem Boden der Provinz Belluno, aber auch die Nachbarn in Südtirol machen sich die Drei Zinnen gerne zu Eigen. Schließlich sind sie ja von Sexten aus erschlossen worden. Der Urlaubsgast hingegen kümmert sich um solche Grenzlinien wenig. Außerdem gibt es auch viele Wanderer, die vom Fischleintal bei Sexten zur Drei-Zinnen-Hütte gehen.
Die Rundwanderung ist eine relativ gemütliche Tagestour mit geringen Höhenunterschieden und herrlichen Panoramen über Geröllfelder, die den Charakter einer Mondlandschaft haben. Trotz der Kargkeit des Bodens lassen sich dort auch zahlreiche Alpenblumen und Sträucher entdecken. Weil es zum Teil über steinige Schotterhalden geht, ist gutes trittfestes Schuhwerk angeraten. Hütten und Einkehrmöglichkeiten gibt es unterwegs genug. Aber die sind auch entsprechend gut besucht. Man sollte sich in jedem Fall Getränke mitnehmen.
Den Ausgangspunkt dieser Rundwanderung, die Auronzohütte auf der Südseite der Drei Zinnen, erreicht man über die Straße von Toblach in Richtung Cortina d'Ampezzo. Vor dem Misurinasee biegt man links ab und fährt die Mautstraße hinauf zur Auronzohütte, eine kurvenreiche Strecke mit einem Höhenunterschied von knapp 600 Metern.

Die wahre Pracht der Drei Zinnen zeigt sich von Norden.

Vom Parkplatz bei der Auronzohütte geht man nun nach rechts, also gegen den Uhrzeigersinn, los. Es ist der Wanderweg 101 (eine breite ehemalige Militärstraße), der gemütlich ohne größere Höhenunterschiede entlang der Südseite der Drei Zinnen an der Capella degli Alpini, die an die während des 1. Weltkriegs gefallenen italienischen Soldaten erinnert, vorbei bis zur Lavaredo-Hütte (2344 m) führt, die man nach gut einer halben Stunde erreicht. Bei der Hütte verlässt man nun die Straße und folgt links dem Steig, der weiterhin mit der Nummer 101 ausgeschildert ist. Dieser Steig verläuft nach Norden hinauf zum knapp 100 Höhenmeter höher gelegenen Paternsattel (2454 m). Vom Sattel, der zwischen Paternkofel und Drei Zinnen liegt, quert der Weg nun weite Geröllhalden. Hier, von der Nordseite, erlebt man nun auch die weltbekannte Ansicht der Drei Zinnen. Zunächst führt der Steig etwas bergab, zieht sich dann fast eben dahin. Der Weg passiert den Paternkofel und schließlich den Felsblock mit dem etwas skurrilen Namen Frankfurter Würstel. Auf dem letzten Abschnitt geht man noch kurz bergauf und erreicht schließlich die berühmte Drei-Zin-

Rund um die Drei Zinnen

Die herrliche Lage und der tolle Ausblick machen die Drei-Zinnen-Hütte zu einer der beliebtesten Hütten weit und breit.

nen-Hütte (2405 m). Für den Weg von der Lavaredo-Hütte bis zur Drei-Zinnen-Hütte muss man mit etwa 1 ½ Stunden Gehzeit rechnen. Gut die Hälfte der Tour hat man hier nun hinter sich. Ideal also für eine Rast und eine Stärkung. Nicht zuletzt auch deswegen, weil auf dem letzten Abschnitt keine weiteren bewirtschafteten Hütten mehr folgen außer der Auronzohütte ganz am Schluss der Wanderung. Bei der Drei-Zinnen-Hütte kann man noch einen Abstecher zum Paternstollen machen. Wie an vielen anderen Orten in den Dolomiten gibt es auch bei den Drei Zinnen Überreste von Kämpfen während des Ersten Weltkriegs. Der Paternstollen ist ein militärisches Tunnelsystem, dessen Einstieg sich etwas oberhalb der Drei-Zinnen-Hütte befindet. So hatten zum Beispiel die italienischen Alpini einen 600 Meter langen Stollen geschlagen, was angesichts der Höhenlage und der seinerzeitigen technischen Möglichkeiten heute nur schwer vorstellbar ist. Hier werden Führungen durchgeführt, für die man eine Taschenlampe benötigt. Die Dauer der Tour ist etwa 1 Stunde. Der Ausstieg befindet sich unterhalb der Gamsscharte.

Der zweite Teil der Rundtour um die berühmten Dolomitengipfel führt von der Drei-Zinnen-Hütte zurück zur Auronzohütte. Der weitere Weg verläuft nun nach Südwesten hinunter zum Rienzboden, einer verkarsteten Hochfläche, und führt dann ab-

Nicht für jeden zur Nachahmung empfohlen: der Drei-Zinnen-Alpinmarathon

wechselnd leicht bergauf und bergab vorbei an der beeindruckenden Nordfront der Drei Zinnen bis zum Col Forcellina (2232 m). Danach führt der Weg direkt nach Süden an die Westseite der Drei Zinnen bis zu einem kurzen Anstieg zur Forcella del Col di Mezzo (2324 m). Nun dreht der Weg nach links auf die Südseite der drei Gipfel und verläuft weitgehend eben hinüber zur Auronzohütte, zum Ausgangspunkt dieser Wanderung.

Besonders beeindruckend ist die Rundwanderung um die Drei Zinnen, wenn man sie auf zwei Tage aufteilt und unterwegs in der Drei-Zinnen-Hütte übernachtet. Denn am eindrucksvollsten sind die mächtigen Felsklötze im Morgenlicht und abends vor Sonnenuntergang. Man sollte sich allerdings rechtzeitig um Schlafplätze in der generell sehr stark frequentierten Hütte bemühen.

Drei-Zinnen-Alpinmarathon

Die Drei-Zinnen-Hütte ist jedes Jahr im Spätsommer das Ziel eines internationalen Bergmarathons. Die 21 Kilometer lange Strecke mit gut 1500 Höhenmetern von Sexten ist natürlich nur für echte Leistungssportler geeignet. Die Siegerzeit liegt bei beeindruckenden 1 ½ Stunden.

Wo die Waale zum Wandern einladen

Vinschgau und Meraner Land

37

Aussichtskanzel Dreiländereck über dem Reschen

Am oberen Eck von Südtirol

info

Bergwanderung
700 Höhenmeter
Mit trittsicheren Kindern ab 8 Jahren

Ausgangsort: Altreschen (1497 m) am Reschenpass

Charakter: Solide klassische Bergtour mit großartiger Aussicht

Beste Zeit: Hochsommer

Gehzeit: Aufstieg 2 ½ Std., Abstieg 2 Std.

Einkehr: Reschener Alm (1980 m, Ende Juni–Ende September geöffnet)

Verlauf: Altreschen – Reschener Alm – Dreiländereck – Altreschen

Variante: Eine hübsche und lohnende Alternative ist der Abstieg über Grünsee, Schwarzsee und Tief-Hof nach Nauders (Rückkehr mit dem Bus)

Karten: Kompass Wanderkarte 52, Vinschgau, 1:50 000; Kompass Wanderkarte 42, Landeck – Nauders – Samnaungruppe, 1:50 000

Sonstiges: • Tourismusbüro Reschen, Tel. 0473/633101, www.reschenpass-suedtirol.it, E-mail reschen@reschenpass-suedtirol.it
• Achtung: Das Gebiet am Dreiländereck unterliegt dem Wettereinfluss des Alpenhauptkamms, früher Schneefall im Herbst macht die Tour zu Fuß unmöglich

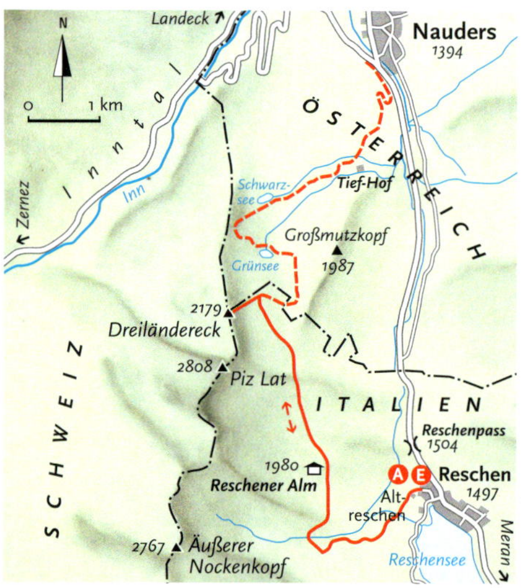

Start und Ziel – der Reschensee am Eingang zum Vinschgau

»Ins Land hineinschauen« war immer schon eine Lieblingsbeschäftigung der Menschen. In fremdes Land noch lieber als ins eigene. »Luginsland« heißen zahllose markante Aussichtspunkte, oft sind sie militärischen Ursprungs. Am äußersten linken oberen Eck von Südtirol gibt es einen Punkt, an dem sich sogar in drei Länder hineinschauen lässt. Die Grenzen von Italien, Österreich und der Schweiz berühren sich am »Dreiländereck« hoch über dem Reschensee. Ein ungewöhnlicher Ort mit spektakulärer Aussicht und lohnendes Ziel für einen Sommertag!

Nix für »normale« Touren: Das Floß ist ein eher rares Fortbewegungsmittel für Bergsteiger. Floßfahrt auf dem Grünsee.

Von Altreschen (1497 m) an der Westseite des Tales steigt man auf Weg 3, später 4 in die Höhe, freut sich – je nach Herkunft – über eine kühle Brise oder über ein frisches Lüfterl und erliegt schnell dem herben Charme der Landschaft des Vinschgauer Oberlandes. Karg ist es da droben, nahe dem Alpenhauptkamm, ohne die Obstbäume und die Weinberge im Tal der Etsch. Die Natur schafft andere Werte: Ab Mitte Juli verklärt blühender Türkenbund in rauen Mengen die Blicke floristisch interessierter Wanderer. Auf knapp 2000 Meter Höhe bietet sich eine Verschnaufpause an. Da liegt die Reschener Alm, von Ende Juni bis Ende September kann man dort einkehren. Anders als auf anderen Almen des Vinschgaus wird die Milch des Almviehs hier nicht direkt vor Ort verarbeitet, sondern rauscht in einer Pipeline nach Reschen hinab. Einen guten Almkäse bekommt der hungrige Wanderer trotzdem. Weiter zum Dreiländereck geht es dann – auf einem alten Militärweg, wen wollte es wundern ...

Ein Dolomitstein mit ausgemeißeltem Dreieck erwartet uns am Gipfel, der Höhenmesser zeigt 2179 Meter. Selbst bei anspruchsvollen Bergsteigern stellt sich beim Rundumblick vom Dreiländereck so etwas wie »Gänsehaut« ein. König Ortler und Konsorten stehen im Süden parat, vielleicht sogar noch ein paar Dolomitengipfel, nach Westen hin die Berninagruppe und das nahe Engadin, unmittelbar vor Piz Buin und Piz Kesch, nach Norden reicht der Blick in die Lechtaler Alpen, im Osten steht die Hohe Munde über dem Inntal. Eine alpine Tribüne! Der Abschied fällt schwerer als der Abstieg. Wer nicht auf demselben Weg zurückkehren mag, wähle die Variante über Grünsee und Schwarzsee nach Nauders. Eine Abendstunde am See krönt den herrlichen Bergtag.

Tief-Hof

Das Farbspiel der beiden Seen ist einzigartig! Und auch als Skitour ist das Dreiländereck ausgesprochen attraktiv!

Alexander Agethle,
Agronom und Bauer in Schleis bei Mals

Uina – Parade-Schlucht im Schweizer Grenzgebiet

Schlinig ist für alle da

Ein Kessel für Kenner. Ein Talschluss für Tatendurstige. Wer nicht nur zufällig nach Schlinig gerät, der weiß, dass es zu jeder Jahreszeit genug zu tun gibt. Die malerische Langlauf-Loipe will befahren werden, vom Frühwinter bis zur Schneeschmelze wartet der geräumte Wanderweg, Skitourengeher müssen zur Sesvenna-Hütte hinauf, dem perfekten Stützpunkt, und weitläufige Wandermöglichkeiten im Sommer und Herbst ergänzen das Angebot.
Das Bergdorf Schlinig (1738 m) – eine Handvoll Bauernhöfe und ein paar Wirtshäuser – liegt am Ende einer Stichstraße, die in Serpentinen vom weltberühmten Benediktinerstift Marienberg heraufführt. »Normale« Touristen bleiben in der Regel dort hängen … Wer zum ersten Mal dort droben auftaucht, darf sich von dem verfallenden Kasernen-Kasten nicht verschrecken lassen. Der Schandfleck stammt aus Zeiten, als der Zoll die nahe Grenze zur Schweiz überwachte; eigentlich sollte hier schon längst ein Leistungszentrum für Südtirols Langläufer entstanden sein, aber Italiens Behörden-Mühlen mahlen schier unendlich langsam. Der Ort wäre gut gewählt, auch im Winter scheint die Sonne den ganzen Tag ins Hochtal hinein.

Warten auf den Hirsch. Wer hat mehr Geduld?

Der Weg zur Schliniger Alm (1868 m) hinauf führt über Bergweiden mit Berglandwirtschaft, Milch- und Jungvieh. Drei Sommermonate sind Senner und Käser vor Ort; Butter und der würzige Almkäse werden gern von den Gästen gekauft. »Alp Pianbell« heißt sie auch, »Schöner Boden«. Bis ins 17. Jahrhundert wurde hier noch rätoromanisch gesprochen. Die Grenze zur Schweiz ist nah, der Weg ins Unterengadin hinüber ist nicht nur ein alter Schmuggler-Pfad, sondern auch einer der attraktivsten Anziehungspunkte in der Umgebung. Er führt mit der Markierung 18 über die Sesvenna-Hütte (2256 m) und den Schlinigpass (2311 m) zur berühmt-berüchtigten Uina-Schlucht und durch wilde, spannende Landschaft.
Wer nicht ausgesprochen ausdauernd ist, kehre nach der Schlucht bitte ohne falschen Ehrgeiz wieder zum Schlinigpass zurück und steige via Sesvenna-Hütte nach Schlinig zurück ab. Denn der Weg bis in den Talboden des Engadin zieht sich unendlich lang …

Ummi, auffi, hintere. Der AVS, der Alpenverein von Südtirol, weist den Weg

Uina-Schlucht – klassisch und rassig

Der schönste Übergang in den Ostalpen! – schwärmen Kenner – mit einem Felsenweg, der über fast einen Kilometer Länge in den Dolomit des Schluchtrandes hinein gehauen wurde. Oft geht man regelrecht »überdacht«, an exponierten Stellen mit Seilen an der Felswand. Dennoch ist der Steig recht unproblematisch zu bewandern, da er breit ist und gegebenenfalls mit Drahtseilen gut abgesichert. Ein Erlebnis!

I geh aufn Hirsch. Aber Gämsen hätt's schon auch, und Steinböck' han auch oa obn. Aufd Jagd geh i seit einem halben Jahrhundert da herinn.

Jäger Alois Bernhart, gebürtiger Schliniger

Wanderer und Biker, die auf ihresgleichen lieber verzichten, sollten Uina am Wochenende meiden. Es ist halt allzu schön …

Bergwanderung
750 Höhenmeter
Bis Schlinig er Alm auch mit kleinen Kindern und/oder Kinderwagen geeignet; Uina-Schlucht mit wanderfreudigen Sprösslingen ab 10 Jahren

Ausgangsort: Schlinig (1738 m, Gemeinde Mals)

Charakter: Tagestour für konditionsstarke Wanderer mit spektakulärer Schlucht. Beim Weg bis in die Uina-Schlucht ist zu bedenken, dass der Weg nach Schlinig zurück zunächst wieder bergauf (!) führt! Ein Besuch der Schlucht rechtfertigt jedoch auch erhöhten Schweiß-Aufwand.

Beste Zeit: Sommer und Herbst

Gehzeit: Schlinig – Eingang in die Uina-Schlucht 3 Std., durch die Schlucht und wieder zurück nach Schlinig 3 Std.

Einkehr: Schliniger Alm (»Alp Pianbell«, 1868 m); Sesvenna-Hütte (2256 m, AVS, www.sesvenna.it)

Verlauf: Schlinig – Schliniger Alm – Sesvenna-Hütte – Uina-Schlucht – Sesvenna-Hütte – Schliniger Alm – Schlinig

Variante: Fast ebener Zugang zur Sesvenna-Hütte auf Höhenweg 8a von der Bergstation des Watles-Sessellifts von Prämajur aus in 2 Std.

Karte: Kompass Wanderkarte 52, Vinschgau, 1:50 000

Sonstiges: • Tourismusverein Mals, Tel. 0473/831190, www.mals.suedtirol.com, E-mail mals@suedtirol.com
• Die Uina-Schlucht liegt bereits auf Schweizer Staatsgebiet: Ausweis mitnehmen!
• Auch Mountainbiker beginnen die Qualitäten der Uina-Schlucht für ihre Zwecke zu entdecken. Wanderer mit Biker-Phobie wappnen sich an schönen Wochenendtagen tunlichst mit Gelassenheit.

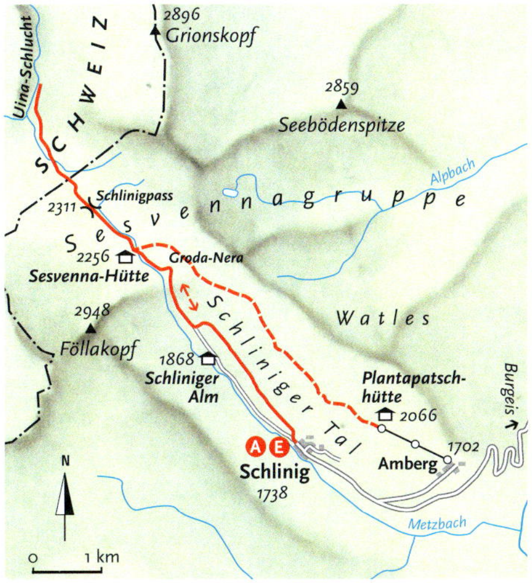

39

Dem Laaser Marmor auf der Spur

Das weiße Gold im Jennwandstock

info

Bergtour
1200 Höhenmeter, mit Kindern ab 12 Jahren

Ausgangsort: Laas (868 m) bei Schlanders

Charakter: Unschwierige Bergwanderung, gute Kondition ist hilfreich

Beste Zeit: Ganzjährig

Gehzeit: Aufstieg 4 Std., Abstieg 3 Std.

Einkehr: Obere Laaser Alm (2047 m, AVS, im Sommer Getränke, Übernachtungsmöglichkeit)

Verlauf: Laas – Kapelle St. Martin – Untere Laaser Alm – Obere Laaser Alm – Laas

Varianten: a) 2-Tages-Tour mit Übernachtung auf der Oberen Laaser Alm (von dort aus sind zahlreiche Gipfelbesteigungen möglich)
b) Für Mountainbiker Anfahrt zur Bergstation der Stand-Seilbahn (über den Weiler Parnetz)

Karte: Kompass Wanderkarte 52, Vinschgau, 1:50 000

Sonstiges: • Tourismusverein Schlanders/Laas im Nationalpark Stilfser Joch, Tel. 0473/730155, www.laas.suedtirol.com, E-mail schlanders-laas@suedtirol.com
• Im Sommer und Herbst Marmor-Führungen; Info-Tel. 0473/730155

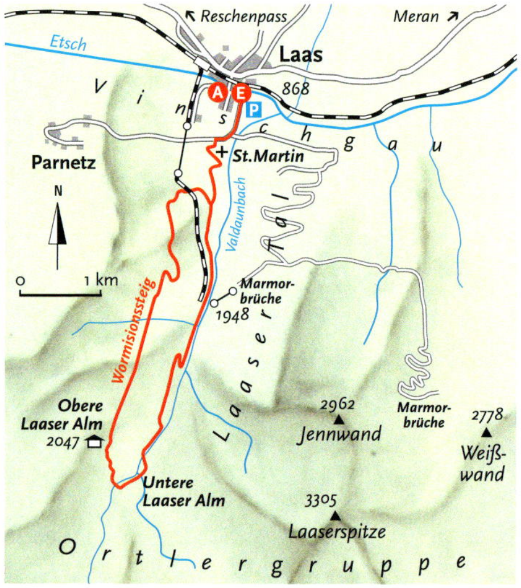

Touristen, sagt der Einheimische, verlören sich nur wenige ins Laaser Tal. Die hätten es anderswo bequemer. Stimmt. Kein Skilift im Tal, kein Wirtshaus, und die einzige Seilbahn befördert nur Steine.

Die Höhle der Löwen

Aus dem Laaser Tal, genau gesagt aus dem Innern des Jennwandstocks, kommt der weltberühmte weiße Laaser Marmor, der schon zur Bronzezeit Kultstein war, begehrt von Kaisern und Königen – nicht zuletzt vom Bayernkönig Ludwig I., der daraus Bauwerke und Zier-Löwen in stattlicher Größe und Anzahl fertigen ließ.

Der Fußmarsch ins Tal war bei den Laasern schon zu einer Zeit Sonntagsvergnügen, als andere Vergnügungen im Vinschgau noch rar waren – und viel hat sich im Tal seither nicht geändert. Im Winter, so schwärmen sie, kehrt hinten im Tal die vollkommene Ruhe ein. Dann schweigt auch der Bach, die Schneedecke schluckt jedes Geräusch. Im Sommer bevölkern viele Tiere die Almen im Talschluss,

Das Tor zum Weißen Gold

Laaser Tal, im Hintergrund der Laaser Ferner

Wir sagen es nicht gerne weiter, weil es uns lieb ist, dass das Tal nicht überlaufen ist. Aber wenn jemand die Ruhe sucht und die Freude am Naturgeschehen, dann ist diese Wanderung mit das Höchste, was man sich hier im Vinschgau holen kann.

Franz Waldner,
gebürtiger Laaser

Marmorstein bricht, Eisen nicht. Gut so. Neben den Schienen warten weiße Souvenirs …

Wanderer aber sind rar, obwohl die Wege gut gekennzeichnet sind. Auf der Oberen Laaser Alm schenkt der Wirt zumindest Getränke aus, und für ein Vinschgauer Paarl-Brot, für ein Stück Bauernspeck und ein Stück Almkäs ist in jedem Rucksack Platz. Sogar übernachten kann man inzwischen da droben.

Für den Aufstieg von Laas (868 m) über St. Martin zum Beginn der Schmalspurbahn folgt man einfach den Wegweisern. Beim Weg ins Tal hinein wird man sich dem Marmor-Schauspiel nicht entziehen können: autogroße Blöcke werden per Schmalspurbahn aus dem Tal gefördert. Wer will, kann Streckengeher spielen und gefahrlos ein Stück auf den Bahnschwellen ins Tal hinein wandern bis zur Verladestelle. Man begegnet dort einem Stück lebendiger Industriegeschichte, konstruiert in den zwanziger Jahren des vergangenen Jahrhunderts und fast noch original in Betrieb. Dann geht es immer der Nase und der Straße nach ins Tal hinein. Der Wind wirbelt Lärchennadeln durch die Luft. Auerhähne lassen sich hier gern hören. Steil ist der Anstieg von der Unteren zur Oberen Laaser Alm, doch der Lohn für den vergossenen Schweiß folgt unverzüglich: die prachtvolle Rast, im Idealfall auf der Terrasse, mit dem Rücken an der sonnenwarmen Holzwand, Gipfelpanorama und Gletscherblick inklusive. Was da herübergleißt, das ist der Laaser Ferner.

Der Rückweg führt über den alten »Wormisionssteig«, einen frühen Handelsweg, der den Vinschgau mit der Lombardei verband. Gesäumt wurde lukullische Fracht: Wein aus dem Süden, Salz aus dem Norden. Und wer, in Laas angekommen, immer noch kein Stück Marmorstein in der Hosentasche hat, der kann seinen Blick einmal zu Boden senken – im »steinreichen« Laas sind auch die Bürgersteige aus weißem Marmor!

Im Angesicht von »König Ortler« auf die Aussichtskanzel mit Panoramablick

Als die Kirchturmuhr von Sulden am Ortler sechsmal schlägt, sind wir schon unterwegs durch lichten Wald auf dem Weg Nr. 12, der gegenüber vom Hotel Post den Hang hinaufführt. Langsamer Rhythmus im Morgengrauen ist angesagt, denn vor uns liegen 1700 Höhenmeter. Dann inszeniert die Natur ein Schauspiel, das Hollywood nicht besser machen könnte: Die aufgehende Sonne taucht die Berg-Kulisse auf der gegenüberliegenden Talseite in ein weiches, rosafarbenes Licht, das sich von oben auf Königsspitze, Zebru und Ortler senkt.
2 ½ Stunden später – nachdem wir die Kanzel (2348 m) links liegen gelassen und das Rosimtal erreicht haben – das nächste Schauspiel: Der Rosimboden (2523 m), aus dem der Vertainwind herunterweht, findet in der 20 Meter hohen Wand des Rosimgletschers einen spektakulären Abschluss. Darüber schauen die Plattenspitzen hervor und der Hintere Schöntauf. Wir mogeln uns am linken Gletscherrand hinauf, schauen in Spalten, die uns wie aufgerissene Sauriermäuler vorkommen – eine Drohgebärde, die uns das Sicherungsseil herausholen lässt. Wenn's ein alpiner Spaziergang wäre, könnte man sich an der Nordwand der Königsspitze und an den Ortler-Graten nicht satt sehen. Aber so heißt es, ab dem Rosimjoch (3288 m) gelegentlich Hand anzulegen

König Ortler, der höchste Berg von Südtirol

an die großen Felsblöcke, die den Weg über den Südostgrat zur 3545 Meter hohen Vertainspitze markieren. »A bissl klettern, aber keine großen Schwierigkeiten«, meint mein Suldener Begleiter Andreas, dem man die Freude an der Blockkletterei ansieht. Die Mittagssonne fällt auf das Gipfelkreuz, als wir nach 6 Stunden oben sind.

Die letzten Meter bis zum Gipfel

Gipfel so weit das Auge reicht

Andreas serviert »a bissl a Weindl, an guaten Kas von der Stilfser Alm und an Ortlerspeck« sowie den freien Blick auf ein 360-Grad-Panorama: vom Laaser Ferner über die Venezienspitzen, Zufallspitze und Cevedale bis hin zur Bernina und zur Weißkugel auf der anderen Seite. »Das Gipfelmeer ist schöner als ein Urlaub am Mittelmeer«, stellt Sigrid aus Neu-Ulm begeistert fest und genießt den Blick auf den Reschensee von oben.

Auch Reinhold Messner ist schon mehrfach den weiten Weg von Sulden zu diesem kühnen Spitz heraufgestiegen, fand den Übergang vom Eis auf die Blockgrate abwechslungsreich und befürchtet nur, »dass in zehn bis zwanzig Jahren vom Eis an der Vertainspitze wohl nicht mehr viel übrig bleiben wird«.

Ich wünsche, dass alle, die auf die Vertainspitze wollen, es bald machen, denn ohne Eis hat der Berg nicht mehr diese Ausstrahlung.

Reinhold Messner

info

Alpine Hochtour
1700 Höhenmeter
Mit bergerfahrenen und konditionsstarken Kindern ab 14 Jahren

Ausgangsort: Sulden am Ortler (1850 m)

Charakter: Die Bergtour in die obere Gipfeletage Südtirols erfordert Trittsicherheit, Schwindelfreiheit und gute Kondition; Erfahrung auf Gletschern und im Blockgelände notwendig

Gehzeit: Aufstieg 6 Std., Abstieg 5 Std.

Einkehr: Keine am Weg

Verlauf: Sulden– Kanzel – Rosimboden – Rosimferner – Vertainspitze – Rosimboden – Sulden

Varianten: a) Mit Hilfe des Kanzelliftes kann der Anstieg um 1 Std. verkürzt werden.
b) Vom Ausgangspunkt Düsseldorfer Hütte (2721 m, Mitte Juni bis Anfang Oktober geöffnet, Tel. 0473/613115) ist der Gipfel in 3–4 Std. zu erreichen. Aufstieg zur Hütte von Sulden in 2–2 ½ Std. auf unschwierigem Weg in vielen Kehren durch das Zaytal.

Karte: Tabacco Wanderkarte 08, Ortlergebiet, 1:25 000

Sonstiges: • Informationsbüro Ferienregion Ortler im Nationalpark Stilfser Joch, Tel. 0473/613015, www.ortlergebiet.it, E-mail info@sulden.com
• Sehenswert sind Reinhold Messners Museum in Sulden und sein Restaurant »Yak und Yeti« im ältesten Bauernhaus des Ortes. Seine Yaks sind im Winter im Tal und weiden im Sommer in der Nähe der Madritschhütte.

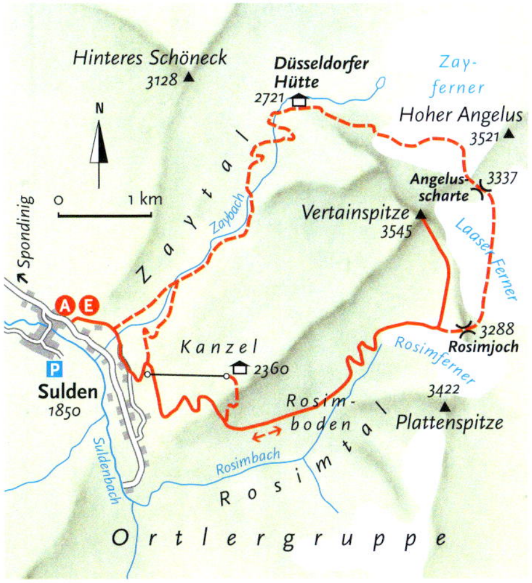

Rote Rutsche, roter Wein auf der Zufallhütte

info

Bergwanderung
200 Höhenmeter
Mit Kindern ab 6 Jahren

Ausgangsort: Parkplatz Enzianhütte (2051 m) am Talschluss des Martelltals

Charakter: Unschwierige und kurze Bergwanderung, auch als Halbtages-Ausflug gut

Beste Zeit: Sommer und Herbst

Gehzeit: Aufstieg ½ Std., Abstieg ½ Std.

Einkehr: Zufallhütte (2265 m)

Verlauf: Enzianhütte – Zufallhütte – Enzianhütte

Karte: Kompass 072, Nationalpark Stilfser Joch, 1:50 000

Sonstiges: • Das Nationalparkbüro im Rathaus von Glurns liefert gutes Informationsmaterial: Nationalpark Stilfser Joch/Südtirol, Tel: 0473/830430, www.stelviopark.it, E-mail info.bz@stelviopark.it

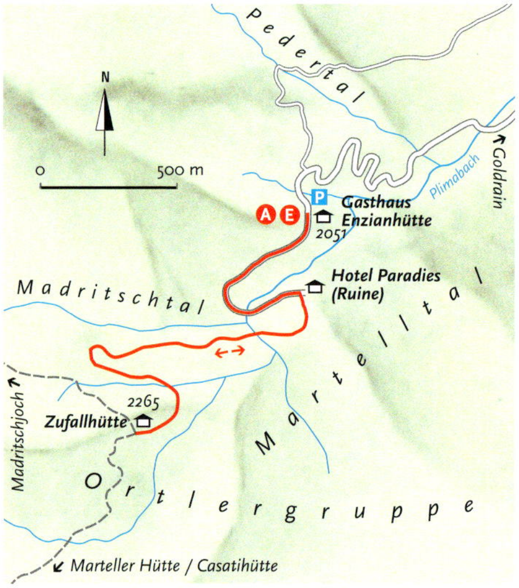

Weltweit am Berg: Steinmänner (vulgo: Stoamandl) dienen als Orientierungshilfen.

Im hintersten Martelltal ist der Teufel los. Der Föhnsturm fegt über die Dreitausendergipfel. Im fahlen Licht glänzen die Gletscher der Venezierspitzen. Eiskristalle brennen auf der Haut. Die Wege sind überfroren, die Ohren rot, die Finger klamm. So hatten wir uns unsere Herbsttour nicht vorgestellt. Drunten im Vinschgauer Talboden war noch die Zeit der Spaghettiträgerhemdchen. 2000 Meter höher herrschen ernst zu nehmende alpine Witterungsverhältnisse. Geduckte Wacholdersträucher und Alpenrosen bedecken den Boden neben uns. Die Stämme der Lärchen sind dicht mit Flechtenbärten eingewachsen. Man merkt der Natur an: Hier heroben ist Schluss mit lustig. Eine Dreiviertelstunde später erreichen wir den Zufallboden, ein breites lawinensicheres Plateau. Vor der Zufallhütte erwartet uns ein Schneemann – und eine rote Rutsche. »Das ist nicht nur fein für die Kinder, sondern auch für die Eltern«, sagt die frisch gebackene Hüttenwirtin Gabi Müller. »Die Kinder können spielen, die Eltern können sich unterhalten. Es ist ja nicht gefährlich hier heroben.«

Gefährlich war es früher einmal. Im Kriegswinter 1916/17 standen auf dem Zufallboden Unterkünfte für 360 Soldaten. Baracken, Pferdeställe, Schmieden, Materialdepots, Aborte, Bade- und Entlausungsstation. Zugedeckt von mehr als sechs Meter Schnee. An der Cevedale-Front, sechs Kilometer entfernt, betrug die Schneehöhe acht Meter.

Heute erinnern nur noch die schindelgedeckte Kapelle und ein paar historische Fotografien in der Wirtsstube an die Kriegszeiten. Die Zufallhütte gehört der Sektion Mailand des italienischen Alpenvereins CAI und ist ab Frühjahrsanfang klassischer Skitourenstützpunkt, umgeben von 15 Dreitausendern. Sie im Sommer oder Herbst mit wenig Aufwand zu Fuß aufzusuchen ist ein Ziel, das man sich unbeschwert stecken kann. Es gibt keinen Ruhetag von Anfang März bis Ende Oktober, und die Wirtsleute versorgen ihre Gäste mit wohlschmeckenden Speisen in kaum zu bewältigenden Portionen, mit einem überraschend reichhaltigen Angebot an roten Flaschenweinen aus Südtirol und Italien, alles miteinander nicht teurer als im Tal.

Was bleibt, sind Hut & Besen! Einen halben Tag im Föhnsturm übersteht er noch …

Was keiner der Gäste auch nur ahnt: Die Hütte liegt mitten in einem Nationalpark, im Nationalpark Stilfser Joch. In Amerika gäbe es Schranken, Zäune und Eintrittsgebühren, in Deutschland gäbe es Hinweistafeln ohne Zahl, in Südtirol – Fehlanzeige. »Der Nationalpark besteht seit 1935, und doch haben wir bis heute noch keine funktionierende Beschilderung«, sagt der Projekt-Koordinator im Südtiroler Teil des Nationalparks Stilfser Joch, Arnold Karbacher. Aber – frohe Kunde: »Wir arbeiten daran!« Touristische Angebote hatten Vorrang. So wurden gerade 15 beispielhafte Wanderungen ausgearbeitet, die die Vielfalt des Nationalparks von den Talböden des Vinschgaus und seiner Kulturlandschaft bis hinauf ins vergletscherte Hochgebirge aufzeigen sollen.

»Die Vielfalt der Arten im Nationalpark ist enorm«, sagt Karbacher. »Die Wanderung durch die klimatischen Zonen vom Talboden bis zum Ortlergipfel entspricht eigentlich einer Reise in die Arktis. Von den Alpen müsste man bis Nordskandinavien wandern, um ein vergleichbares Spektrum der Natur zu erleben.«

Das Nebeneinander von unberührter Landschaft und landwirtschaftlich genutzten Flächen, von Bergeinsamkeit und ganzjährig bewohnten Bauernhöfen ist eine Herausforderung für die Nationalpark-Verwaltung, doch das Ergebnis, meint Karbacher, lohne die Mühe. Drei neue Nationalpark-Häuser mit Besucherzentren, errichtet mit EU-Unterstützung in den Ortschaften Trafoi, Prad und Martell, sollen bei der einheimischen Bevölkerung für weitere Akzeptanz

Im Nationalpark Stilfser Joch

werben, ein viertes ist im Ultental geplant. Die Ausstellungen in den Häusern sind thematisch gegliedert: »naturatrafoi« befasst sich mit dem »Leben an der Grenze«, das Mensch und Tier besondere Überlebensstrategien abverlangt. »aquaprad« hat das Wasser zum Thema, in »culturamartell« geht es um den Menschen im Alpenraum und in seiner bäuerlichen Umgebung. Das Haus im Ultental soll ganz im Zeichen des Holzes stehen.

Die Lieblingstour von Arnold Karbacher führt vom Stilfser Joch auf dem »Wormisionssteig« zur Dreisprachen-Spitze und weiter über den Goldsee zur Furkelhütte, ein Panoramaweg mit phänomenaler Aussicht und eine Genusstour für leidlich trittsichere Wanderer, die »bergab-tauglich« sind. Denn der Ausgangspunkt auf dem Stilfser Joch ist beinahe der höchste Punkt der Tour, 700 Höhenmeter Abstieg stehen dann bis zur Furkelhütte an, beim Rest hinab nach Trafoi hilft der Sessellift.

Eine kleine Sensation stellt jedoch der »Archaik-Weg« dar. Er folgt der Route des alten Saumpfades, der über Jahrtausende als Handelsverbindung zwischen Etschtal und Veltlin diente. Von der Stilfserbrücke führt ein steiler Pfad hinauf zum »Weiberbödele«, einem Brandopferplatz der Bronzezeit. Oberhalb des alten Bergbau-Ortes Stilfs liegt dann der »Kaschlin-Bühel«, eine Sonnenterasse, die zu »Ötzis Zeiten« besiedelt war. An der »Unterbrunnquelle« schließlich wurde ein 300 Meter langes Teilstück des alten Verkehrswegs über das Stilfser Joch frei gelegt. Radspuren im Fels zeugen von regem »archaischem« Handelsverkehr.

Kultur und Natur – Symbiose im Nationalpark

Wormissionssteig

Nationalpark Stilfser Joch

Der Nationalpark Stilfser Joch dehnt sich auf einer 135000 Hektar großen Fläche inmitten der Zentralalpen aus. Er schließt das gesamte Gebirgsmassiv Ortler – Cevedale mit seinen Nebentälern ein und erstreckt sich über die drei Provinzen Südtirol, Trentino und Lombardei. Innerhalb der Grenzen des National-

parks liegt nicht nur unberührte Bergnatur, sondern auch landwirtschaftlich genutztes Land, Nutzwald und ganze Dörfer. In Südtirol war der Konflikt zwischen Naturschützern und Naturnutzern mit unterschiedlichen Interessenslagen über Jahrzehnte heftig und ist nach wie vor nicht endgültig beigelegt. Nationalpark-Häuser mit Besucherzentren und Dauer-Ausstellungen:

- »aquaprad« in Prad am Stilfser Joch (www.aquaprad.com) offen: Weihnachten–Ende Oktober, Mo geschlossen
- »naturatrafoi« in Stilfs/Trafoi (www.naturatrafoi.com) offen: Weihnachten–Ostern, Mitte Mai–Ende Oktober, Mo geschlossen
- »culturamartell« in Martell (www.culturamartell.com) offen: Weihnachten–Ostern, Mitte Mai–Ende Oktober, Mo geschlossen

Wir arbeiten an einem vierten Nationalparkhaus im hintersten Ultental zum Thema Holz. Das wird eine feine Sache und eine schöne Ergänzung unseres Angebots.

Arnold Karbacher, Projektkoordinator im Südtiroler Teil des Nationalparks Stilfser Joch

Umgeben von herrlicher Landschaft – die Zufallhütte

Die schönsten Wanderungen im Nationalpark Stilfser Joch

- Wormisionssteig vom Stilfser Joch zur Furkelhütte
- Höfeweg von Gomagoi zur Ruine Lichtenberg
- Almenweg von Trafoi nach St. Martin/Glurns
- Archaikweg von Stilfserbrücke nach Prad
- Rund um Sulden: K-2-Hütte und Hintergrathütte
- Hintere Schöntaufspitze
- Obere Laaser Alm
- Laas – Ottilienkirche – Prad
- Von den Haslhöfen zur Göflaner Alm
- Enzianhütte – Stallwies – Martell
- Zufallhütte und Marteller Hütte
- Zimraunhütte und Latscher Alm
- Weißbrunn und Pilsbergalmen
- Weißbrunn – Kirchbergscharte – St. Gertraud
- Von St. Gertraud nach Glurns

Zaalwaal – Leitenwaal – Tscharser Schnalswaal

Immer am Wasser entlang

Wasser ist Leben

Der rhythmische metallische Klang der Waalschelle ist die Melodie des Vinschgaus. Früher mehr noch als heute. Vor einigen Jahrzehnten waren mehr als 600 Kilometer dieser speziellen Bewässerungskanäle in Betrieb, heute sind es noch 50 Waale mit 200 Kilometer Länge. Über die Herkunft des Wortes »Waal« streiten sich die Gelehrten. Die einen leiten es vom lateinischen »aquale« ab, die anderen vom keltischen »buol«, was auch Wasser bedeutet. »Ein Hof ohne Wasser ist nichts wert«, heißt es im Vinschgau. Kein Wunder, dass das System der Bewässerungsgräben bereits viele Jahrhunderte alt ist. Die ersten nachgewiesenen Zeugnisse datieren von 1165. Man kann sich kaum vorstellen, dass in Südtirol heute noch Wasser gestohlen wird.
Das hat eine Tradition, wie ein kurzer Blick in die Gerichtsakten beweist. Der Grund: Zwischen Meran und Reschenpass werden vergleichbar geringe Niederschlagswerte wie in Sizilien gemessen, nämlich nur 450 bis

info

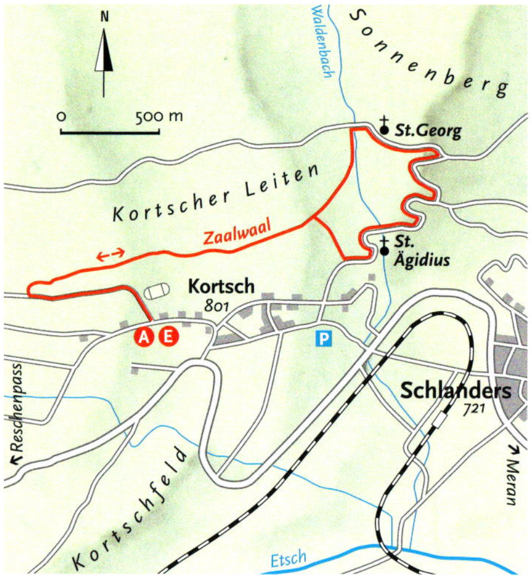

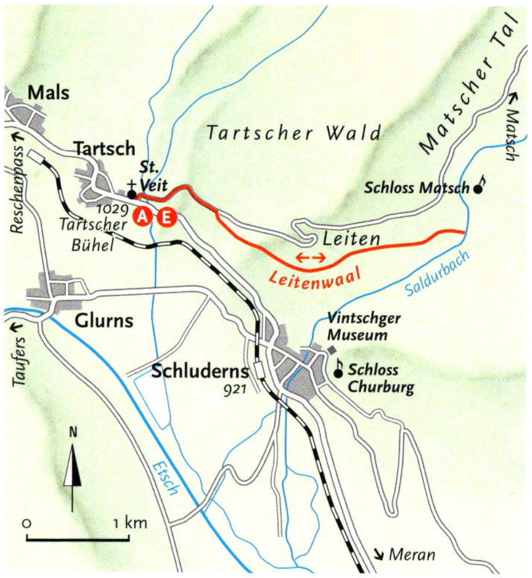

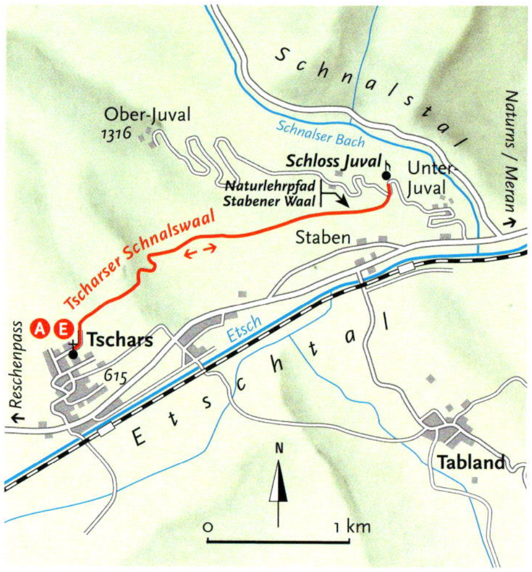

Halbtageswanderungen
Höhenunterschied a) 150 m b) 200 m c) 225 m
Mit Kindern ab 6–8 Jahren

Ausgangsort: a) Zaalwaal: Sportplatz in Kortsch bei Schlanders (801 m); b) Leitenwaal: Tartscher Bühel nördlich von Schluderns (1029 m); c) Tscharser Schnalswaal: Pfarrkirche von Tschars (625 m)

Charakter: Gemütliche Wanderungen mit leichten Steigungen

Beste Zeit: April bis Juni und September bis November; im Prinzip ganzjährig machbar

Gehzeiten: 2–3 Std.

Verlauf: a) Zaalwaal: Kortsch – St.-Georg-Kirche – St.-Ägidius-Kirche – Kortsch; b) Leitenwaal: Tartscher Bühel – Ganglegg-Hügel – Tartscher Bühel; c) Tscharser Schnalswaal: Tschars – Schloss Juval – Tschars

Einkehr: Schlosswirt Juval (geöffnet April bis November, Di Abend und Mi Ruhetag)

Karten: Kompass Wanderkarte 52, Vinschgau 1:50 000; Faltblatt Vinschgau Waalwege mit Übersichtskarte (bei den Tourismusvereinen erhältlich)

Sonstiges: • Tourismusverband Vinschgau, Tel. 0473/737010, www.vinschgau.suedtirol.com
E-mail vinschgau@suedtirol.com
• Schloss Juval ist für Besichtigungen geöffnet Palmsonntag bis 30. Juni und 1. September bis Anfang November. Es verkehren Shuttle-Busse vom Parkplatz im Tal
• Churburg in Schluderns, geöffnet 20. März bis 1. November
• Vintschger Museum in Schluderns, geöffnet 20. März bis 1. November, in den Wintermonaten Di–Sa vormittags 10.00–12.00 Uhr

Der Zaalwaal im Spätherbst

500 mm im Jahr. So waren die Bauern gezwungen, seit jeher gemeinsam dieses uralte Bewässerungssystem zu erhalten, was ein Glück für den Wanderer heutzutage ist. Da die Gräben und Holztröge in Schuss gehalten und regelmäßig gesäubert werden müssen, wird der Wasserlauf überall von kleinen Wegen begleitet. Meist sind es leicht begehbare Pfade, denn das Gefälle ist nur gering.

»Es ist eine Meisterleistung, im 14. Jahrhundert einen zwölf Kilometer langen Waal mit einem Durchschnittsgefälle von zwei Prozent zu bauen«, schwärmt der Publizist Gianni Bodini aus Schluderns. ▸▸

Zaalwaal – Leitenwaal – Tscharser Schnalswaal

Ich bin nicht nur Bergsteiger, ich lebe auch im Gebirge. Ich könnte mir ein Leben in der Stadt auf Dauer nicht vorstellen. Vom Blick auf Häuserdächer werde ich krank. Ich muss mich an Bergen orientieren können. Schloss Juval ist mein Wohnsitz. Für mich war es auch eine Möglichkeit, mich zu entfalten und zu gestalten. Ich bin ein nomadenhafter Mensch, aber ich brauche als Nomade einen sicheren Ort, ein Nest.
Meinen Marsch durch die Antarktis muss man sich auch als einen Marsch durch Zimmerfluchten vorstellen, durch die Räume von Juval. Und immer wieder hingen andere Bilder an den Wänden, ungezählte Male standen andere Möbel im Raum. Während ich durch die scheinbar unendliche Weite ging, bewegte ich mich gleichzeitig durch Juval.
Den Besuchern empfehle ich, sich einen Tag frei zu geben – das ist Juval wert. Sie erleben dort Bergbauernkultur, einen der vogelreichsten Hügel von ganz Südtirol, das Aufeinandertreffen von mediterraner Pflanzenwelt und nördlicher alpiner Fauna, aber auch Jahrhunderte alte Waalwege und die Burg, die bereits in der Langobardenzeit stand und in der Renaissance zu einem sehr eleganten Wohnhaus gemacht wurde. Sie hat immer schon den Übergang vom Ötztal in den Süden kontrolliert. Der Ötzi ist sicher hier vorbeigekommen und soll unterhalb der heutigen Burg sein Winterquartier gehabt haben. Wer mit offenen Augen herumwandert, kann sich an die Gletscher der Ortlergruppe ebenso anbinden wie an die Ötztaler Alpen mit dem Similaun und benötigt nicht viel Fantasie, um sich vorzustellen, wie die Menschen vor 500 oder 5000 Jahren hier gelebt haben.
Juval hat etwas von der Ausstrahlung eines tibetischen Zongs und strahlt gleichzeitig Helligkeit, Wärme und Lebensgenuss der Renaissance aus. Das Haben ist mir unwichtig. Aber auf dieser Burg zu wohnen ist gleichzeitig das Schönste aller Lebensgefühle, wenn man nun einmal gern in den Alpen lebt.

Reinhold Messner in einem Interview mit dem »Rucksackradio« des Bayerischen Rundfunks

Rekonstruiertes Haus am Ganglegg

Der Zaalwaal

Vom Sportplatz in Kortsch führt der Pfad bequem und familienfreundlich auf der Sonnenseite am Hang entlang. »Das Wasser nimmt unsere Gedanken mit«, philosophiert Gianni Bodini. Das muntere Plätschern auf der einen Seite, die üppig sprießende Natur mit Pappeln, Berberitzen und Wacholder auf der anderen Seite – so schlendern wir dahin, an einer Mühle und einer intakten Waalschelle vorbei. Sie ist das Alarmsystem. Der rhythmische Klang besagt: Alles in Ordnung, das Wasser fließt regelmäßig. Eine Dreiviertelstunde lang geht es fast eben am Waal entlang. Dann steht der Wanderer unvermittelt vor einer Steilwand: Der Zaalwaal beginnt eigentlich 800 Höhenmeter weiter oben. Aufgrund dieser Zweiteilung mit einem Wasserfall dazwischen waren früher zwei Waaler, also Aufsichtspersonen, beschäftigt. Man könnte in 3–4 Stunden zu den Sonnenberg-Höfen aufsteigen – wir aber bleiben im unteren, gemütlicheren Teil, der noch so manche geschichtliche Überraschung bereit hält. Zum Beispiel die Ruinen des St.-Georg-Kirchleins auf einem Hügel, der schon in der Bronzezeit um 2200 vor Christus besiedelt war. Ein magischer Ort mit Blick auf Hasenörl, Vertainspitze und Angelus. Wertvolle Grabgaben wie ein Goldstück und eine silberne Brosche mit dem vermutlich ältesten Kreuz Südtirols wurden gefunden. Gianni Bodini entdeckte aber auch eine Art astronomischen Kalender: Durch ein kleines Fenster fällt das Sonnenlicht dreimal im Jahr auf einen bestimmten Punkt, ähnlich wie man das von den Mayatempeln her kennt. Die Ägidius-Kirche mit einem alten, fast byzantinisch anmutenden Christophorus-Bild ist der nächste Höhepunkt. Geschichten, die man bis heute nicht enträtselt hat, erzählen die vielen Schalensteine am Wegrand, und so steigen wir wieder zum Wasserlauf hinauf. Auf gut markiertem Pfad gelangen wir nach 3 Stunden von unserem Ausflug in die Vergangenheit wieder zum Ausgangspunkt am Sportplatz in Kortsch zurück.

Der Leitenwaal

Wer den Leitenwaal bei Schluderns erwandert, sollte für den zweiten Teil des Tages kulturelles Interesse mitbringen. In unmittelbarer Nähe steht die Churburg aus dem 13. Jahrhundert. Neben den Kunstwerken ist die Rüstkammer mit Rüstungen, Brustpanzern und mittelalterlichen Waffen weit über Südtirols Grenzen hinaus bekannt. Neueren Datums ist das Vintschger Museum, das sich in einer erlebnishaft gestalteten Dauerausstellung mit den Waalen im Vinschgau beschäftigt.

Der Leitenwaal beginnt am Tartscher Bühel (1029 m) nördlich von Schluderns. Das Auto kann man beim Friedhof der Kirche St. Veit stehen lassen oder nach 500 Metern an der Straße Richtung Matsch. »Leiten« – das ist der Südtiroler Ausdruck für hängende Wiesen auf der Sonnenseite. Man überquert diese Weideböden und wandert leicht ansteigend zum Waal hinauf. Der Pfad führt uns am Waal entlang bis zum Saldurbach. Es geht durch ein herrliches Waldstück bis zur Talenge.

Nicht versäumen sollte man einen Abstecher zum Ganglegg-Hügel, der nach einer guten Stunde vom Ausgangspunkt aus zu erreichen ist. Schon allein die Tatsache, dass man von dort aus Ortler und Königsspitze wunderbar im Blick hat, deutet auf einen besonderen Platz hin. Dort wurde eine ganze Siedlung aus der Bronzezeit ausgegraben mit Industrie- und Wohnzone. Rund 3 Stunden dauert die gesamte Waalwegrunde für archäologisch Interessierte.

Am Eingang von Schloss Juval

Der Tscharser Schnalswaal

Im Jahr 1492, als Kolumbus gerade nach Amerika segelte, fragten die Bewohner von Tschars beim Landesherrn um die Genehmigung an, einen Waal zu bauen. Die Antwort hat zwölf Jahre gedauert, der Bau weitere 13 Jahre. Mit diesem Bewusstsein starten wir oberhalb der Pfarrkirche von Tschars (625 m) und wandern durch einen bunt gefärbten Laubmischwald in einer guten Stunde auf Schloss Juval zu. Mäßig steil geht's nach oben, aber senkrecht bricht die Böschung ins Tal ab. Was ist spannender: der Blick hinauf zum Schloss, das sich in neuen, ungewohnten Perspektiven zeigt, oder der Blick hinunter auf die Etsch und Kastelbell mit seinen Apfelanlagen? Seit 1983 ist der Extrembergsteiger Reinhold Messner Besitzer von Schloss Juval, das sich ihm bei seinem ersten Besuch wenig einladend zeigte: Die Türen waren vernagelt, das Gebäude seit langem verlassen – er musste über Felsen und Mauern klettern, um in den Schlosshof zu kommen. Heute beherbergt Schloss Juval ein Museum für tibetische Volkskunst, eine Maskensammlung und eine Bergbildergalerie. Zum Schlosshügel gehören auch Messners Weingut Unterortl mit ausgezeichnetem Blauburgunder und Riesling, sein Schlosswirt Oberortl und einige Buschenschänken (Südtiroler Jausenstationen). Beeindruckend ist die Aura dieses Ortes im besonderen Licht des Vinschgaus und – für den Wanderer – die außergewöhnliche Pflanzen- und Vogelwelt. Der Rückweg nach Tschars über denselben Pfad ist wegen des Ausblicks nach Westen ein Erlebnis für sich.

Das Knottn-Kino am Rotenstein

Leinwand aus Luft & Licht

info

Halbtageswanderung
150 Höhenmeter
Mit Kindern ab 6 Jahren

Ausgangsort: Hafling (1332 m)

Charakter: Einfache Ausflüge mit kurzen kräftigen Steigungen

Beste Zeit: Ganzjährig

Gehzeit: 5 Std.

Einkehr: An den Ausgangspunkten

Verlauf: Hafling-Dorf – Leadner-Alm – Weg Nr. 11 – Rotenstein – Gasthof Alpenrose – Hafling

Varianten: a) Gasthof Alpenrose (an der Straße zwischen Hafling und Vöran, Wegweisung »Knottn-Kino«) – Rotenstein – Gasthof Alpenrose, 1 ½ Std. b) Gasthof Grüner Baum (ca. 1300 m oberhalb von Vöran) – Rotenstein – Gasthof Grüner Baum; 2 ½ Std.

Karte: Kompass Wanderkarte 53, Meran, 1:50 000

Sonstiges: • Tourismusverein Hafling/Vöran/Meran 2000, Tel: 0473/279457, www.hafling.com, E-mail info@hafling.com

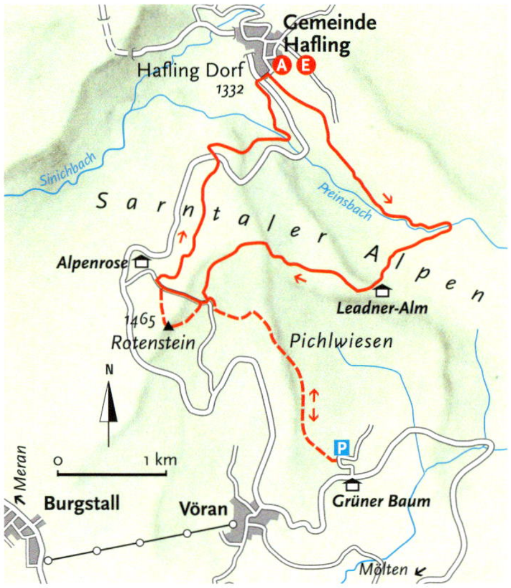

»Ei, was schöne Knotten!«, sprach einst der arme Schäfer zur schneeweißen Jungfrau, und ein paar davon wurden ihm danach zu Gold, mit dem er seine Schulden bezahlen konnte – so überlieferten es die Brüder Grimm im Märchen »Fräulein von Boyneburg«. Der Wegweiser »Knottn-Kino« auf der Straße zwischen Hafling und Vöran führt tatsächlich in einen modernen Märchenwald. Dort stehen Verkehrsschilder mit Hirschgeweihen, stählerne Sonnenuhren, und am Ende des Ausflugs sind wir tatsächlich an einem Kino angelangt. Zwar fehlen Eis und Popcorn, doch die Sessel sind bequem und robust, 30 Kino-Klapp-Stühle aus Stahl und Kastanienholz, in vier Reihen montiert auf dem Gipfel des Rotenstein, einem Felsplateau in 1465 Meter Höhe. Auf einer Leinwand aus Luft und Licht (der größten Leinwand der Welt übrigens) wird rund um die Uhr einer der besten Filme Südtirols gezeigt. Hauptdarsteller sind die Brenta-Dolomiten und der Ortler, der gesamte Nationalpark Stilfser Joch, in weiteren Nebenrollen Ötztaler Alpen und Texelgruppe. In der weiblichen Hauptrolle: die Etsch und ihr fruchtbares Tal, die Kulturlandschaft des Burggrafenamts mit ihren Feldern, Obstbäumen und Weinbergen zu Füßen der Betrachter aus seltener Perspektive. Großes Knottn-Kino mit Oscar-Niveau. Den Abspann ersetzt ein hochluxoriöses Edelstahl-Panorama. Vor die Kinostuhl-Reihen als Geländer-Ersatz geschraubt, lässt es dramatische Diskussionen über die Namen einzelner Gipfel gar nicht erst aufkommen.

Den Kinobesuchern zu Füßen liegt das wunderschöne Südtirol.

»Knotten? Nie gehört!«

Die weinroten runden Kuppen sind das Ergebnis eines Vulkanausbruchs vor 255 Millionen Jahren, sein Ascheregen formte die roten Kuppen, »Knotten«, von denen eine Rotenstein heißt. Geheimnis gelüftet.

Die beste Kino-Vorstellung, die ich je gesehen habe!

Nicole Schmieder, Rotenstein-Besucherin aus Bad Saarow

Das Knottnkino gehört zu den so genannten »Milleniums-Projekten« des Landes Südtirol und soll Einheimische und Touristen an die Jahrtausendwende erinnern. 20 Milliarden Lire hatte die Südtiroler Landesregierung für Projekte dieser Art im Sommer 1999 bereitgestellt, 130 Millionen davon durfte der Rittener Künstler Franz Messner für sein Freiluftkino hoch über der Etsch verbrauchen.

Der Heimweg nach der Vorstellung erfolgt auf einem »Wald-und-Wiesen«-Weg, wo Ihnen mit großer Wahrscheinlichkeit ein paar der hübschesten Blondinen Südtirols begegnen werden. Immerhin befinden wir uns in der Heimat der Haflinger, die ihren Namen vom kleinen Bergdorf Hafling in der Nachbarschaft haben und ihren Stammbaum vom legendären Goldfuchs »249 Folie«, geboren 1874 in Schluderns im Vinschgau. Der war Nachkomme eines orientalischen Hengstes und einer galizischen Landstute und offenbar ein Prachtpferd seiner Zeit. Ein großartiger Kerl mit herrlichem Temperament, der eine Rasse begründete, die inzwischen Liebhaber auf der ganzen Welt gefunden hat. Die charmantesten, schönsten, vielseitigsten, verlässlichsten und liebenswertesten Pferde der Zeitgeschichte. Sagen jedenfalls die Haflinger-Freunde …

↑ Ein Wald- und Wiesenkino: Der Weg ist nicht zu verfehlen.

Trophäen im Knottnwald →

Atemberaubende Tiefblicke auf den Meraner Talkessel

Auf dem Weg zwischen Vellau und Hochmuth tummeln sich nicht nur Wanderer.

Im Tal stehe ich und schaue bergan, hinein in die steile und abweisende Schlucht. Und doch, wenn ich das Fernglas ansetze, sehe ich sie, die bunte Flecken, die Wanderer mitten in der tiefen Einkerbung zwischen Vellau und Hochmuth oberhalb von Meran. Also hinauf nach Vellau (960 m) über Weinberge und Obstkulturen mit dem nostalgischen Einsersessellift – langsam, aber stetig. Nach einem kurzen Abstecher zur kleinen Kirche mit Tiefblick auf den Meraner Talkessel folgt man dem Weg mit der Markierung 22 zunächst noch hinein in den Wald und auf einem schmalen Steig hinauf zum Oacherhof (1013 m). Sommer darf es nicht sein, wenn man sich den Vellauer Höhenweg vornimmt, denn dann brennt die Sonne gnadenlos herab. Nicht umsonst taucht man hier heroben in eine mediterran-trockene Vegetation ein. Aber davon ist zunächst noch nichts zu merken. Den kleinen Weiler Vellau und seine Höfe prägen noch Obstkulturen und saftige Wiesen. Vom Ochaerhof aus startet dann der alte Steig – inzwischen etwas verbreitert und ausgebaut – ins Tal hinein. Luis Fischer, der Oacherbauer, erinnert sich noch an den alten Weg:

Früher haben die Bauern von Vellau und Hochmuth über diesen Weg ihre Ziegen ins Tal hineingetrieben. Und Samen hat man mit den Bauern von der anderen Seite ausgetauscht. Damals war der Weg noch etwas gefährlicher, immer wieder haben Wegpassagen einfach gefehlt durch eine Mure im Frühjahr oder einen starken Regen im Sommer.

Schmal und in den Felsen zum Teil ausgesetzt und steinig ist er auch heute noch, aber inzwischen etwas ausgebaut und gut instand gehalten. Bald erreicht man den tiefsten Punkt des Tales, in dem ein Bach – noch unter schattigen Laubbäumen – talwärts rinnt. Weiter oberhalb hört man die Glocken einer Ziegenherde, die uns kurz später dann auf dem Weg begegnet. Dann wird's felsig und dementsprechend ausgesetzt. Der Name Felsenweg hält, was er verspricht – inklusive sagenhaftem Tiefblick auf Meran und das Etschtal.

Aber hier ist auch die Hochmuth (1361 m) nicht mehr weit. Der ehemalige Bergbauernhof – heute Gasthaus und Bergstation einer Seilbahn von Dorf Tirol herauf – lädt zu kurzer Rast ein, um sich für den oberen Hans-Frieden-Felsenweg zu stärken. Der Weg ist ähnlich angelegt wie der Vellauer Felsenweg und quert das felsige Tal hinüber zur Leiteralm (1522 m) nur gut 200 Meter höher. Von der Alm führt ein steiler Weg hinab nach Vellau. Allerdings kann man sich den Abstieg auch sparen, indem man mit dem nostalgischen Korblift förmlich zurück nach Vellau gleitet.

Hans-Frieden-Felsenweg

Vellauer Felsenweg und Hans-Frieden-Felsenweg

Diese beiden Wege ermöglichen eine geschlossene Rundwanderung, die man an den äußerst steilen und geradezu extrem der Sonne ausgesetzten Hängen meist schon ziemlich früh im Jahr durchführen kann. Beide Wege führen streckenweise durch nahezu senkrechte Felswände, bieten eine weitreichende Aussicht über das Etschtal und sind dank guter Halteseile und Ketten für den vorsichtigen Wanderer problemlos begehbar. Allerdings sollte man bedenken, dass es sich nicht um Promenaden, sondern um richtige Bergwege handelt.

info

Höhenwanderung
560 Höhenmeter
Mit Kindern ab 14 Jahren

Ausgangsort: Algund bzw. Vellau (960 m) oberhalb von Meran

Charakter: Rundwanderung mit ausgesetzten und felsigen Passagen, die aber mit Stahlseilen gesichert sind, sonst unschwierig

Beste Zeit: Frühjahr und Spätherbst (im Sommer sehr heiß)

Gehzeit: Aufstieg 2 ½ Std., Abstieg ½ Std.

Einkehr: Oacherhof (1013 m, Ausschank); Gasthaus Hochmuth (1361 m); Gaststätte Steinegger (1390 m)

Verlauf: Algund/Vellau – Hochmuth – Leiteralm – Vellau

Variante: Abstieg/Abfahrt von der Hochmuth nach Dorf Tirol und mit dem Bus nach Algund

Karte: Tabacco 011, Meran und Umgebung, 1:25 000

Sonstiges: • Tourismusverein Algund, Tel. 0473/448600, www.algund.com; E-mail info@algund.com
• Info zum Sessellift Vellau, Mitterplars 37, Tel. 0473/448660
• Feine Käsespezialitäten aus der kleinen Sennereigenossenschaft Algund, Mitterplars 29, Tel. 0473/448710

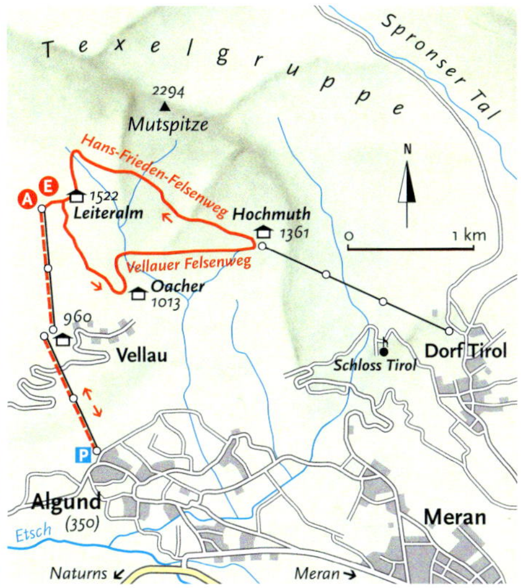

Aufstieg zur Weißkugelhütte

Im Schatten der Königin

Melag ist wohl eines der abgelegensten Dörfer Südtirols, zumindest wenn man die Welt von der Landeshauptstadt Bozen aus betrachtet. Kurz vor der österreichischen Grenze am Reschenpass zweigt das Langtauferer Tal Richtung Westen ab. Eine Oase der Ruhe mit nur wenig Tourismus und noch weniger Rummel. Der geografische Endpunkt des Tales ist die Weißkugel, der zweithöchste Berg der Ötztaler Alpen. Und etwa auf der Hälfte der Strecke zwischen dem Reschenpass und der Weißkugel liegt auf 1912 Metern Meereshöhe Melag, eine der höchstgelegenen Dauersiedlungen des Landes. Durch das malerische Dorf gelangt man auf eine Forststraße, die am schönen naturbelassenen Bachbett zur nicht weit entfernten Melager Alm (1970 m) führt. Eigentlich ein Spaziergang und ungewöhnlich flach für einen Almanstieg. Man überwindet in etwa 20 Gehminuten lediglich einen Höhenunterschied von 58 (!) Metern. Erst hinter der Melager Alm beginnt der eigentliche Aufstieg, der am Hang in ein tiefes, vom Gletscher ausgeschliffenes Tal hineinführt. 300 Höhenmeter führt der Steig steil bergan, um dann über die flachen Almweiden von Parmutt weiter sanft bis zur Hütte anzusteigen.

Die Weißkugelhütte (2542 m) ist eine einfache Bergsteigerunterkunft ohne jeden Luxus. Der Steinbau hält auch im Inneren, was er nach außen hin verspricht. Die Hütte

Die Weißkugelhütte: seit 189
am Rand des Gletschers

info

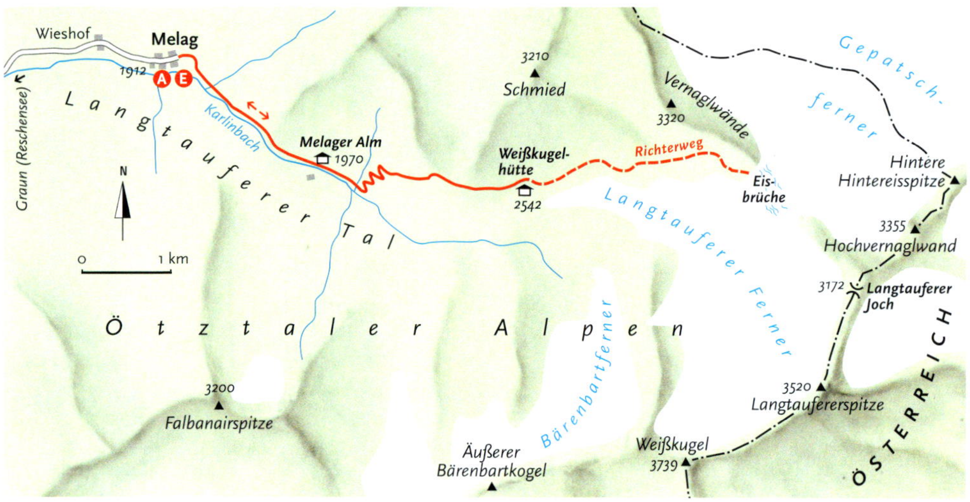

Bergwanderung
630 Höhenmeter
Mit Kindern ab 14 Jahren

Ausgangsort: Melag (1912 m) im Langtauferer Tal

Charakter: Abwechslungsreiche und unschwierige Hochgebirgswanderung

Beste Zeit: Sommer und früher Herbst

Gehzeit: Aufstieg 2 Std., Abstieg 1 ½ Std.

Einkehr: Melager Alm (1970 m); Weißkugelhütte (2542 m)

Verlauf: Melag – Melager Alm – Weißkugelhütte – Melag

Variante: Von der Hütte erreicht man auf dem Richterweg den großen Eisbruch des Gepatschferners; 1 Std. und 450 Höhenmeter

Karte: Tabacco Wanderkarte 043, Vinschgauer Oberland, 1:25 000

Sonstiges: Tourismusverein Vinschgauer Oberland,
Tel. 0473/634603, www.reschen.suedtirol.com;
E-mail st.valentin@suedtirol.com

ist ursprünglicher und uriger als viele andere Berghäuser. 1893 erbaut, ist sie bis auf wenige Änderungen so geblieben, wie sie war. Küche und Gastlichkeit machen vieles von jenem wett, was so mancher Luxusbergsteiger an Komfort vermissen mag.

Die wahre Trumpfkarte der Weißkugelhütte ist sowieso der Ort, an dem sie steht. Nirgends sonst hat man einen besseren Blick auf die riesigen Moränen und Gletscher, auf die Gipfel und Grate des Talschlusses, erklärt Josef Plangger, ein einheimischer Bergführer, der gerade von einer Hochtour mit Gästen zurück ist. Jetzt sitzt er vor der Hütte und schaut hinein auf seine Welt, das lange Gletschertal, die Weißseespitze (3526 m), die Eisbrüche des Gepatschferners und den Talschluss mit Vernagl (3352 m), Langtauferer Spitze (3526 m) und einer scharfen Biegung gegen Süden hin zur Königin, der Weißkugel (3738 m).

Die Hütte als Endziel mag die Wanderer befriedigen – der Blick wird auch taleinwärts kaum noch besser –, aber für all jene, die der alpinistische Ehrgeiz plagt, ist die Hütte nur Basislager für den Aufstieg in die Welt des hoffentlich doch noch ewigen Eises.

Das Ende der Eiszeit

Nicht lange ist es her, erst gut 120 Jahre, da reichten am Ende der so genannten »kleinen Eiszeit« Ausläufer der Gletscherzunge noch durch das tiefe Tal bis fast zur Melager Alm hinaus. Heute hat sich das ewige Eis bis weit hinter die Weißkugelhütte zurückgezogen, die übrigens ebenfalls – vor 100 Jahren noch – direkt am Gletscher stand. Wenn man heute nach dem Aufstieg von der Hütte in das gut 250 Meter tiefe Tal zum Bach hinunterschaut, mag man kaum glauben, dass dieses einmal bis obenhin mit Eis gefüllt war. Wer von der Hütte auf dem Richterweg 1 Stunde taleinwärts wandert, kommt nahe an ein ge waltiges Naturschauspiel heran: an den großen Eisbruch des Gepatschferners. An den Vernaglwänden bricht einer der größten zusammenhängenden Gletscher der Ostalpen als Eisbruch – ähnlich einem Wasserfall – über die Felswände. Immer wieder kracht und rumort es im Eis und wer Glück hat, der kann auch beobachten, wie riesige Eisbrocken aus der Masse ausbrechen und ins Tal stürzen.

Nicht nur im Abendlicht gilt die Weißkugel als einer der schönsten Gipfel in den Ostalpen.

Vom Schlanderser Sonnenberg ins Schlandrauntal

Unterwegs auf unbekannten Waalwegen

info

Höhenwanderung
430 Höhenmeter
Mit Kindern ab 8 Jahren

Ausgangsort: Kortsch/Talatsch (1454 m)

Charakter: Rundwanderung zum Teil entlang und auf den Dämmen von Wassergräben (Waale) mit zeitweise etwas ausgesetzten Passagen, unter anderem einer steilen Stiege und einigen schmalen Bretterbrücken

Beste Zeit: Sommer und früher Herbst

Gehzeit: Aufstieg 1 ½ Std., Abstieg 1 ½ Std. (bis Kortscher Alm ½ Std. zusätzlich)

Einkehr: Schlanderer Alm (1891 m); Kortscher Alm (1987 m)

Verlauf: Talatsch – Schupferhof – Schlanderser Alm – Kortscher Alm – Schupferhof – Außereggen – Talatsch

Karte: Tabacco Wanderkarte 04, Schnalstal, 1:25 000

Sonstiges: • Tourismusverein Schlanders, Tel. 0473/730155, www.schlanders.suedtirol.com, E-mail schlanders@suedtirol.com

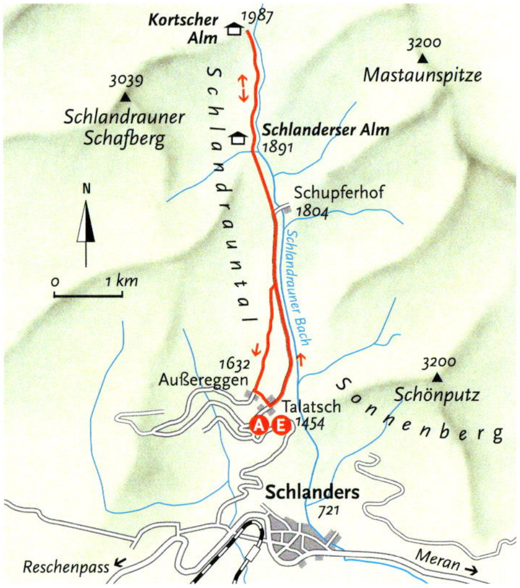

Auf engen, kurvigen Straßen fährt man durch den idyllischen Dorfkern von Kortsch hinauf und erreicht zunächst durch einen Kastanienhain und dann über den Sonnenberg in langen Kehren den Weiler Talatsch. Dort schaut eine Handvoll ineinander verschachtelter Bauernhöfe über 700 Höhenmeter hinunter in die Vinschger Talsenke. Obwohl karg und wasserarm, war der Sonnenberg lange die Kornkammer des Tales. Auch heute noch leuchten die bewässerten Wiesen intensiv grün von den sonst gelblich braunen Berghängen herab. Das Wasser für die Bewässerung der Wiesen und Äcker kam und kommt hier nach wie vor über quer zum Hang verlaufende künstliche Wassergräben – die Waale – aus dem wasserreichen Schlandrauntal. Diese Waale müssen ständig gewartet werden, deshalb verläuft entlang des Waales immer ein Weg, der mehr oder weniger ausgebaut ist. Der Talatscher Waal ist zwar nicht

Kostbares Nass aus dem Schlandrauntal für die trockenen Hänge des Sonnenberges

als Wanderweg markiert, aber man findet den Zugang leicht, wenn man in Talatsch durch das Dorf und dann bergwärts auf einem Weg in Richtung Schlandrauntal wandert.
Zunächst steigt man hinauf zum Waal bergan und erst nach einer kurzen felsigen Passage – die mit einem Seil abgesichert ist – trifft man auf den Wassergraben.
Der erste Blick von unten fällt auf die hölzernen Rinnen, über die das Wasser die Felsabbrüche passiert. Man wandert meist auf dem Damm des Waales weiter und die Vegetation wird zusehends üppiger.
Wer mit Kindern unterwegs ist, der sollte sie anhalten, keine Steine oder andere Gegenstände ins Wasser zu werfen. Auch sollte man darauf achten, den Damm nicht zu beschädigen, denn der Waal und sein Wasser sind überlebenswichtig für die Bauern und Reparaturen müssen sämtlich von Hand ausgeführt werden und kosten natürlich Zeit und Geld.
Nach einer guten Dreiviertelstunde erreicht man dann die Forststraße hinein ins Schlandrauntal. Tosend stürzt hier das kostbare Nass talwärts. Immer wieder trifft man auf Sägewerke, die mit dieser Kraft des Wassers betrieben wurden. Heute wird entlang des Baches in kleinen Werken vor allem Strom erzeugt.
Eine gute halbe Stunde geht's noch taleinwärts, dann erreicht man rechter Hand den verlassenen Schupferhof (1804 m) der heute nur noch als Hirtenhütte dient. Markus Mahlknecht, ein Bozner Archäologe, ist hier im Sommer Kälberhirte.
Dort hat es Mahlknecht auch näher zu seiner Fundstelle, einem hoch gelegenen Brandopferplatz, den er in den vergangenen Jahren ausgegraben hat.

Zur Schlanderser Alm (1891 m) ist es von hier aus nicht mehr weit, schon hinter der nächsten Kurve kann man sie sehen. Flach taleinwärts noch etwa 20 Minuten weiter erreicht man dann die Kortscher Alm (1987 m). Zurück geht es zunächst auf demselben Weg bis zum Schupferhof. Unterhalb des Weidezaunes beim Schupferhof kann man aber eine Variante zurück wählen. Dort sieht man neben dem Weg den mittleren von insgesamt drei Waalen hinein in den Wald rinnen. Folgt man diesem, erreicht man nach gut 45 Minuten den Weiler Außereggen (1632 m). Von hier steigt man dann über Wiesen in einer guten Viertelstunde hinab nach Talatsch.

Der Schaftrieb übers Taschljöchl

Von der Schlanderser und Kortscher Alm kann man zum Taschljöchl (2844 m) aufsteigen. Von dort führt ein alter Verbindungsweg nach Kurzras im Schnalstal. Diesem Weg folgen jedes Jahr die Schafe aus dem mittleren Vinschgau, die dann gemeinsam mit den Schnalser Schafen über den Gletscher des Alpenhauptkammes ins Ötztal auf die Sommerweiden getrieben werden. Bei ihrer Rückkehr im Herbst findet dann im Schnalstal die traditionelle Schafschoad (Trennung der Schafe nach Besitzern) statt, zu der sich inzwischen Jahr für Jahr zahlreiche Schaulustige einfinden.

Waalweg und Talatsch: Weiler am Vinschger Sonnenberg

Auf das Tisenjoch zur Ötzi-Fundstelle

Wege in die Vergangenheit

info

Hochtour
1500 Höhenmeter
Mit Kindern ab 12 Jahren

Ausgangsort: Vernagt im Schnalstal (1711 m)

Charakter: Es handelt sich um eine anspruchsvolle Hochgebirgstour, die natürlich die dazu erforderliche Kondition und Ausrüstung verlangt

Beste Zeit: Sommer

Gehzeit: ca. 3 Std. Aufstieg, 2 ½ Std. Abstieg

Einkehr: Tisenhof (1814 m); Similaunhütte (3017 m)

Verlauf: Vernagt – Tisenhof – Similaunhütte – Ötzi-Fundstelle – Similaunhütte – Vernagt

Karten: Tabacco Wanderkarte 04, Schnalstal 1:25 000; Alpenvereinskarte 30/1 und 30/2, Ötztaler Alpen, 1:25 000; Kompass Wanderkarte 52, Vinschgau, 1:50 000

Sonstiges: • Tourismusverein Schnals, Tel. 0473/662177, www.schnalstal.it, info@schnalstal.it

Es ist 5300 Jahre her, dass am Tisenjoch in den Ötztaler Alpen ein Mann zu Tode kam. Derselbe Man liegt heute als archäologische Weltsensation im Archäologiemuseum von Bozen. Der Gletscher hat seinen Körper über die Jahrtausende vollständig erhalten. Die Umstände dieses Unglücks sind bis heute unklar, die wahrscheinlichste These spricht von einem gewaltsamen Tod des Mannes. Er starb oben auf dem Joch, vermutlich durch die Pfeilspitze eines unbekannten Feindes. Seit der Entdeckung des Mannes aus dem Eis vulgo »Ötzi« ist ein sonst recht unbedeutender Pass zwischen Nord- und Südtirol zu einem der beliebtesten Hochtourenziele geworden: das Hauslabjoch oder lokal besser bekannt unter dem Namen Tisenjoch (3208 m). Nach dem Fund wurde viel darüber gerätselt, was der Mann wohl auf dieser Höhe gesucht haben mag, aber auf jeden Fall ist Ötzi der Beweis dafür, dass Menschen in jener Zeit offenbar bis in solche Höhen vordrangen. Ausgangspunkt für die Hochtour aufs Tisenjoch ist der Parkplatz in Vernagt (1711 m). Man wandert am Tisenhof (1814 m) vorbei auf dem Weg mit der Markierung 2 am

Dass man sich auf diesem Weg auf Ötzis Spuren bewegt, ist wahrscheinlich, aber archäologisch nicht bewiesen. Es gibt eigentlich nur diese logische Verbindung und sie ist uralt. Das beweist auch die Tatsache, dass die Schnalstaler Bauern ihr Vieh über diesen Weg ins benachbarte Ötztal treiben.

So die Aussage von Gianni Bodini, dem Schlanderser Autor und Kulturhistoriker. Er führt gelegentlich Interessierte hinauf zur Fundstelle.

Schnalstaler Bergbauernhof: abgewetterte Stirn aus Lärchenholz

Das Hauslabjoch: geschichtsträchtiger Übergang nach Norden

Leiterbach entlang ins Tisental hinein. Der Weg führt zunächst über sanfte Almwiesen, dann wird er steil und oft mühsam.
Kurz kann man sich an jenen Stellen aufhalten, an denen man, wie Bodini sagt, den Hauch der Vergangenheit spürt. Oberhalb der Waldgrenze auf einer kleinen Ebene steht das Schneckenhaus oder Labyrinth, wie es von der einheimischen Bevölkerung genannt wird.
Wie sich herausstellte, ist dieser Bau eine Kultstätte aus der Jungsteinzeit. Auch jenseits der Grenze im Niedertal gibt es Menhire und künstliche Steinanordnungen aus dieser Zeit, die ebenfalls kultischen Charakter hatten.
Schließlich zweigt der Weg nach Nordost ab und man erreicht das Niederjoch und die Similaunhütte (3017 m). Zuletzt geht es über den Grat zur Fundstelle (3208 m). Die Markierung ist nicht zu übersehen, auch nicht die Tatsache, dass der Weg stark frequentiert ist.
Eine Steinpyramide schließlich zeigt die Fundstelle an und nicht wenige werden enttäuscht sein, wenn sie sich mehr erwartet haben als freie Natur und ein als »Kondolenzbuch« verspottetes Gipfelbuch. Zurück geht es auf demselben Weg.

Ötzis Wege: Reisen in der Urgeschichte

Dass Ötzi aus dem Vinschgau kommt, gilt inzwischen als wahrscheinlich. Ausgrabungen belegen, dass es zeitgleich eine bronzezeitliche Siedlung unterhalb von Schloss Juval im Vinschgau gegeben hat. Der mögliche Wegverlauf von dort hinein ins Schnalstal bleibt aber Spekulation. Denn es gibt keine weiteren Funde aus dieser Zeit. Dass es schon in der Bronzezeit regen Austausch über die Alpen hinweg gegeben haben muss, gilt als gesichert. Zum Beispiel dadurch, dass man nördlich der Alpen Feuerstein gefunden hat, der eigentlich nur in den Monti Lessini vorkommt. Der Feuerstein war damals ein unentbehrlicher Rohstoff zur Herstellung von Werkzeug, vor allem von Klingen. Man findet seine Spuren überall dort, wo zu einer bestimmten Zeit der Vorgeschichte Menschen gelebt und gearbeitet haben. Unterdessen glauben viele Wissenschaftler, dass der so genannte Feuersteinweg auf der Linie Gardasee–Landshut auch über das Tisenjoch und das Ötztal nordwärts geführt haben könnte.

Die Fundstelle: Pilgerstätte für echte Ötzifans

Zur Pfandlalm im Ultental

Auf alten Almwegen

info

Almwanderung
790 Höhenmeter
Mit Kindern ab 14 Jahren

Ausgangsort: Zoggler Stausee bei St. Walburg in Ulten (1133 m)

Charakter: Schöne Rundwanderung durch eine unverfälschte Almlandschaft auf alten Steigen ohne größere Schwierigkeiten

Beste Zeit: Sommer und Herbst

Gehzeit: Aufstieg 1 ½ Std., Abstieg 2–2 ½ Std.

Einkehr: Holzschlagalm (1571 m); Pfandlalm (1838 m); Seegrubenalm (1916 m)

Verlauf: Zoggler Stausee – Holzschlagalm – Pfandlalm – Seegrubenalm – Zoggler Stausee

Variante: Direkter Abstieg Pfandlalm – Zoggler Stausee (Markierung 27); 1 ½ Std. kürzer

Karte: Tabacco Wanderkarte 042, Ultental, 1:25 000

Sonstiges: • Tourismusverein Ultental Deutschnonsberg, Tel. 0473/795049, www.ultental.it, E-mail info@ultental.it

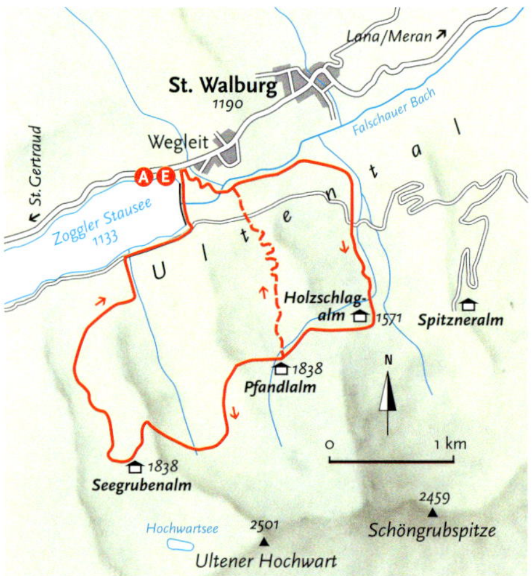

Der Zoggler Stausee: Wasser, wo einst Höfe standen

Vor vielen Jahren, noch bevor sich hinter St. Walburg in Ulten ein großer Stausee ausbreitete, stand dort, wo sich jetzt die Entlastungsrinne der Staumauer befindet, das Haus des Zoggler Hofes. Der Stadel des Hofes existiert noch knapp unterhalb der Staumauer – die Felder versanken in den Fluten. Heute tummeln sich ein paar Freilandschweine rund um den Stadel und weit oben unter dem Hochwart gibt es noch die Pfandlalm, die zum Hof gehörte. Es ist immer wieder beeindruckend, wenn man vom Schicksal jener hört, deren Zuhause in den Fluten eines Stausees versunken ist. Warum diese Geschichte? Beim Zoggler Stausee (1133 m) startet eine

ausgedehnte Almwanderung, die auch hinauf zur Pfandlalm führt. Zunächst folgt man dem ausgeschilderten Forstweg (Markierung 27a) Richtung Holzschlagalm (1571 m). Nach gut einer halben Stunde zweigt rechts ein alter Steig ab (Markierung 21), der etwas steiler, dafür aber wesentlich schöner und kürzer zur Holzschlagalm führt als der Forstweg, der ebenfalls nach einigen Kehren zum selben Ziel führt.
Nach einer weiteren halben Stunde erreicht man das Etappenziel. Von hier zieht sich der Weg flacher weiter und führt in gut 20 Minuten hinüber zur Pfandlalm (1838 m). Idyllisch liegt die Holzhütte inmitten einer Almwiese. Ein kleiner Ausschank mit einfachen Speisen lädt zum Verweilen ein. Anna heißt die Sennerin und sie verbringt den Sommer auf der Alm seit sie in Rente ist.

Etwas Jungvieh, ein paar Hühner, die Wirtschaft mit den Wanderern, langweilig wird's mir nicht.

Sennerin Anna

Aber Stress ist keiner angesagt, der Ausschank läuft eher so nebenher und wer hier schnell etwas essen will, ist am falschen Ort. Die Hütte ist nicht auf großen Betrieb eingerichtet. Alles mit der Ruhe, ist die Devise. Dafür erlebt man ein Stück unverfälschte Südtiroler Gemütlichkeit.
Wer bei der Pfandlalm schon müde ist, der kann faulenzen und später über den Aufstiegsweg oder über die Direttissima (Markierung 27) einen steilen Weg gerade zum See absteigen. Wer weiterwandern will, erreicht über den Almweg in einer guten Stunde die Seegrubenalm (1916 m) und von dort nach 1 ½ Stunden Abstieg wieder den See.

Versunkene Täler

Schon seit Jahrhunderten nutzen die Bauern Südtirols den natürlichen Wasserreichtum des Landes zum Antrieb von Mühlwerken. Am Ende des 19. Jahrhundert kam die Energiegewinnung durch die Wasserkraft dazu. Einschneidende Veränderungen für die Täler kamen allerdings in den fünfziger und sechziger Jahren des 20. Jahrhunderts, als zum Beispiel im Obervinschgau der Reschen-Stausee zwei Dörfer und 133 Höfe unter Wasser setzte. Auch das Ultental blieb nicht verschont. Nicht weniger als fünf Stauseen wurden hier gebaut, von denen der Zoggler Stausee der größte ist. Er verschlang über 100 Hektar fruchtbaren Boden und 36 Gebäude. Für die Ablösesummen konnten sich die Geschädigten nichts Gleichwertiges kaufen und so mussten viele von ihnen das Tal verlassen.

Gemütliche Einkehr auf der Pfandlalm

49

Waalweg von Müstair im Münstertal nach Glurns

Kultur zu Fuß

info

Talwanderung
Ca. 350 Höhenmeter
Mit Kindern ab 14 Jahren

Ausgangsort: Müstair (1247 m, Schweiz)

Charakter: Unschwierige Talwanderung mit schönen kulturhistorischen Besichtigungsmöglichkeiten

Beste Zeit: Frühjahr bis Herbst

Gehzeit: 3–3 ½ Std.

Einkehr: Diverse Gasthäuser in Taufers

Verlauf: Müstair – Taufers im Münstertal – Calvenbrücke – Glurns

Karte: Tabacco Wanderkarte 044, Oberes Vinschgau, 1:25 000

Sonstiges: • Tourismusverein Glurns, Tel. 0473/831097, www.glurns.suedtirol.com, E-mail glurns@suedtirol.com

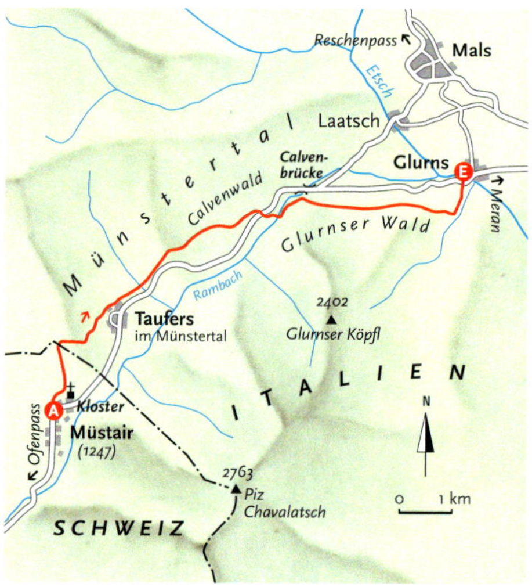

Wenn man UNESCO Weltkulturerbe hört, denkt man gleich an die Pyramiden von Gizeh, an die Altstadt von Wien oder an den Dom zu Speyer. Aber Weltkulturerbe gibt es auch mitten in den Alpen, abseits belebter Zentren – zwar noch nicht in Südtirol selbst, aber fünf Minuten hinter dem letzten verbliebenen Grenzübergang des Landes: in Müstair im schweizerischen Münstertal. Denn da liegt gleich hinter der Grenze die Benediktinerabtei St. Johann.

Die Klosterkirche ist das weltweit umfangreichste und besterhaltenste Zeugnis mittelalterlicher Sakralarchitektur mit dem größten erhaltenen Freskenzyklus aus dem 8. und 12. Jahrhundert.

Mateo Taibon,
Kunsthistoriker, der sich dem Studium dieser Fresken gewidmet hat

UNESCO Weltkulturerbe: die Klosterkirche von Müstair

Nur wenige Kilometer entfernt liegt im Vinschgau ein ebenfalls nicht so bekanntes Kleinod mittelalterlicher Architektur, das Städtchen Glurns. Mit vollständig erhaltener Stadtmauer und dem lieblichen Stadtkern ist Glurns eines der beliebtesten Ausflugsziele des westlichen Südtirol. Und noch eine Besonderheit: Glurns und Müstair sind durch einen Waalweg – einen Weg entlang eines alten Bewässerungsgrabens – verbunden. Von Müstair (1247 m) startet man direkt nach der Besichtigung der Klosterkirche zunächst links bergwärts auf dem markierten Wanderweg Richtung Sotrivas und Cunfin (Grenze). Beim Valgarolabach hat man bereits die Grenze überschritten und kommt bald nach Taufers im Münstertal, dem letzten Südtiroler Dorf vor der Grenze. Hat man Taufers (1240 m) erreicht, empfiehlt sich die Besichtigung des Hospizes, das wie die Müstairer Klosterkirche dem Hl. Johannes geweiht ist. Das Hospiz war Herberge und Schlafplatz für Pilger und es ist nur wenig jünger als das Kloster in Müstair.
In Taufers folgt man weiter der Markierung 8 bis zur Calvenbrücke und in den Calvenwald, dem Schauplatz der blutigen Schlacht zwischen den Engadinern und den Tirolern im Jahre 1499. Der Turnaunawaal, dem man streckenweise folgt, ist leider nur noch in Resten erhalten. Beim Gedenkstein an die Schlacht steigen wir wieder bergan und folgen der Markierung 23 und dem Mitterwaal. Nach insgesamt 3–3 ½ Stunden erreichen wir schließlich das Städtchen Glurns. Zurück geht's mit dem Bus.

Glurns: Flanieren durch mittelalterliche Gassen

Von alten Sprachen und vom rechten Glauben

Dörfer, Klöster und Kirchen jenseits und diesseits der Grenze bildeten natürlich über viele Jahrhunderte eine enge Einheit. Der gesamte Vinschgau gehörte bis ins 20. Jahrhundert zum Schweizer Bistum Chur und die Staats- und Sprachgrenze ist noch kein halbes Jahrtausend alt. Rein geografisch ist das Münstertal ein Teil des Vinschgaus. Die rätoromanische Sprache »Rumantsch«, die heute noch im Münstertal lebendig ist, war vor Jahrhunderten auch die Sprache des Vinschgaus. Die Gegenreformation war letztlich schuld, dass sich im Vinschgau das Deutsche durchsetzte. Das Rätoromanische war nämlich zeitweise verboten, denn es galt, die Vinschger vor den reformatorischen Ideen, die im Engadin Fuß gefasst hatten, zu schützen.

Wo Burgen und große Weine daheim sind

Südtirols Süden

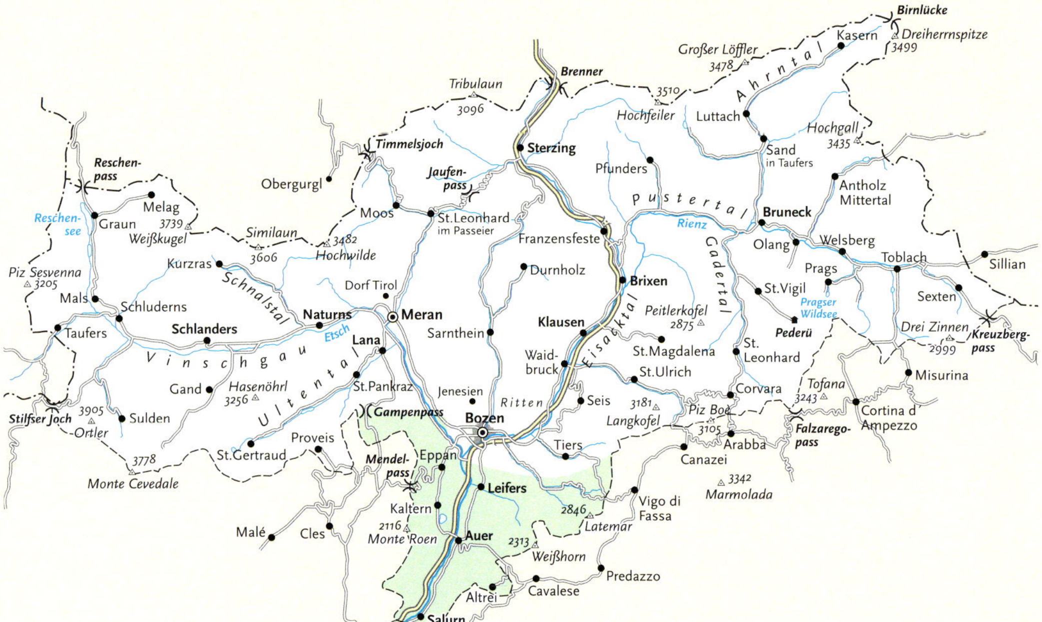

50

Eppaner Burgenweg: Schloss Hocheppan – Ruine Boymont

Berg und Burg – Fresken und Trinken

Ein trutziges Gemäuer, das dem Wanderer endlich Schatten verspricht und Kühle, nach einem wirklich schweißtreibenden Anstieg. Im Schlosshof rebenumrankte Gärten, dort Tische und Bänke mit Aussicht auf Schlern und Rosengarten sowie auf Wein, Brot und Speck. Da droben möchte man gern ein Ritter sein, mit schönen Burgfräulein, Minnegesang und Gelagen nicht zu knapp. Burg Hocheppan am Fuß des Gantkofel ist ein Ziel für Wiederholungstäter. Wer einmal dort war, kommt immer wieder. Sogar die Einheimischen gehen hinauf!

Kultur und Knödel

Hocheppan ist eine der wuchtigsten Burganlagen des Landes, sie birgt mit der Schlosskapelle und ihren romanischen Fresken ein Kunstdenkmal oberster Güte und dazu eine prächtige Ausrede für alle, die nicht zugeben wollen, dass die schiere Lust auf leibliche Genüsse sie in die Höhe gelockt hat. Aber sogar der Fresken-Zyklus von 1130 verweist auf Kulinarisches. Er enthält die erste Darstellung der Südtiroler Nationalspeise, der Knödel.

Schweren Herzens und vollen Bauchs gibt es dann schließlich doch weiter, erst später wird sich beweisen, dass es lohnt. Der Übergang von Hocheppan zur Burgruine Boymont führt durch malerischen wilden Laubwald, herrlich bunt im späten Herbst, gefährlich glitschig aber nach raren Regentagen. Steil schluchtab- und schluchtaufwärts wandern wir, zum Teil auf befestigten Holztreppen. Boymont ist eine Bilderbuch-Ruine mit Schänke im Innenhof, die zur Saison auch Maroni anbietet, Ess-Kastanien.

Hocheppan macht Lust auf Mittelalter.

Der Hollerbaum trägt schwer an schwarzen Dolden, die Nachmittagssonne blinzelt in den Schlosseingang, in den Schießscharten leuchten rote Geranien, auf dem Burgfried die rote Fahne derer von Boymont. Wer nun nicht langweilig Richtung Schloss Korb absteigen will (»kleine Runde«), der wandert noch weiter zum Kreuzberg, recht abenteuerlich bergauf

Speck & Brot macht Wangen rot. (Weiß jedes Kind in Südtirol!)

Kühle Rast auf Boymont. Nur die »Keschtn« sind heiß. Recht so!

und bergab durch den Wald, später dann durch junge Weinberge, genießt das unglaubliche Panorama und ärgert sich über die wenigen Markierungen. Eine Wanderkarte ist segensreich. Der Kreuzstein (628 m) mit seinem Trockenrasen ist eines der Südtiroler Naturdenkmäler, sein Kreuz markiert unser Ziel. Wer dann nach dem Abstieg die ersten Häuser von St. Pauls erreicht, fühlt sich unversehens um ein paar Jahrhunderte zurückversetzt. Oder ist's Kulisse? Zwischen Ansitzen und Herrenhäusern, zwischen Bauernhöfen, die Burgen gleichen, zwischen Weinbergen und Blumengärten trotten wir zu guter Letzt durch ein eigenwilliges und eigenartiges Stück Südtirol. Ein lohnendes Stück Südtirol.

Wer nun trotz Burgen und Bergen noch Lust auf eine Extraportion Kultur hat, sollte zum Abschluss noch einen Blick in die Pfarrkirche von St. Pauls werfen. Die Kirche ist ein stolzes Bauwerk im gotischen Stil, das sich das reiche Weindorf im 16. Jahrhundert etliches kosten ließ. Erst beim Turm ging das Geld aus. Hundert Jahre später bekam er eine barocke Zwiebelhaube aufgesetzt – heute schönes Wahrzeichen von St. Pauls.

Einen Ausflug nach Hocheppan macht die gsunde Mischung aus. Einmal die Kapelle, a gmüatliche Wanderung, beisammensitzen, der feine Ausblick und a guate Jausen – des isses oafach!

Markus Tschigg,
Wirt auf Hocheppan

Bergwanderung
350 Höhenmeter
Mit Kindern ab 8 Jahren, ohne Kreuzstein ab 6 Jahren

Ausgangsort: St. Pauls/Eppan (389 m)

Charakter: Leichte, abwechslungsreiche und gemütliche Wanderung mit zum Teil steilen Wegabschnitten

Beste Zeit: Wegen Bewirtungszeiten zwischen Ostern und Allerheiligen

Gehzeiten: Kleine Runde (ohne Kreuzstein) 2 ½ Std., große Runde (mit Kreuzstein) 4 Std.

Einkehr: Schlosshotel Korb (440 m, geh. Preisniveau); Burgschenke Hocheppan (630 m, offen Ostern–Allerheiligen, Mi Ruhetag), Ruine Boymont (580 m)

Verlauf: St. Pauls – Schlosshotel Korb – Hocheppan – Boymont – Kreuzstein – St. Pauls

Varianten: Für Burgen-Fans: beliebig, allein im Gemeindebereich von Eppan gibt es 15 Burgen und Schlösser.

Karte: Kompass Wanderkarte 54, Bozen, 1:50 000

Sonstiges: • Tourismusverein Eppan, Tel. 0471/66 22 06, www.eppan.net, E-mail info@eppan.net
• Kunsthistorische Führungen in der romanischen Schlosskapelle von Hocheppan

51

Dürerweg: Von Klösterle in St. Florian bis zu den Pyramiden von Segonzano

Auf Dürers Spuren hoch über dem Etschtal

Der Ziehbrunnen in Laag

Albrecht Dürer gilt als der Reisende schlechthin in den Alpentälern unserer Region.
Gianni Ciurletti, Archäologe

Dürerweg

Zwei Südtiroler Wanderinnen schwärmen vom abwechslungsreichen Weg – durch Obst- und Weingärten an schmucken Bauernhöfen vorbei – und von der prächtigen Aussicht bis zum Kalterer See. Voller Respekt sprechen sie von dem berühmten Reisenden, der die Route gut 500 Jahre vor ihnen gegangen ist, auf dem Weg von Nürnberg nach Venedig. Albrecht Dürer war 1494 auf Italienreise und wohlbehalten bis zum Südtiroler Ort Laag gekommen. Doch dort hatte er ein Problem: Überschwemmungen machten ein Weitergehen unmöglich. Etsch und Noce waren über die Ufer getreten, und so blieb dem Künstler nur die Wahl zwischen warten und über die Berge gehen. Dürer entschied sich für Letzteres, wie die Forschungen des Salurner Architekten Bruno Pedri, eines Sohnes des letzten Etschflößers in St. Florian, ergeben haben. Er wich auf den »semita caroli« aus, den Gebirgsweg, den schon Karl der Große benutzt hatte. Heute trägt dieser abwechslungsreiche Grenzgang zwischen den Provinzen Südtirol und Trentino den Namen »Dürerweg«.

Historischer Ausgangspunkt ist das Klösterle (213 m), das seit dem 13. Jahrhundert Unterkunft für Reisende bot. Bequemer allerdings beginnt man im Ortskern von Laag, am Ziehbrunnen, aus dem Dürer vermutlich getrunken hat, denn einen Bach gibt es dort nicht. Gleich hinter Laag geht's steil den Berg hinauf, nach wenigen hundert Metern zweigt ein Hohlweg ab – der Aufstieg muss Ende des 15. Jahrhunderts auch schon schweißtreibend gewesen sein. Von dieser Etappe durch die Berge des Südtiroler Unterlandes sind sechs Aquarelle Dürers überliefert, von der ganzen Strecke bis dahin nur fünf. »Die Gesellschaft von Kaufleuten, mit der Dürer vermutlich unterwegs war, kam hier nur sehr langsam voran«, begründet mein Begleiter Herbert Rossi seine Theorie, »und im Cembratal gab es eine Zollstelle«. Dürer nutzte die Wartezeit zum Malen von »Welsch Pirg« und Schloss Segonzano. Die Bilder sind der Beweis dafür, dass er diesen Umweg nach Venedig gewählt hat.
Heute sucht der Wanderer, der von den Markierungen »AD« gut geleitet wird, Spuren der Vergangenheit. Auf dem Gfrillner Weg erreicht man das Laukastal, das von der

Blick auf das Etschtal und die Salurner Klause

Römerbrücke, die aber eindeutig jüngeren Datums ist, überquert wird. Der weite Blick ins Etschtal und hinüber zur Brentagruppe wird im Oktober 1494 ähnlich erhaben gewesen sein, nur der Verkehrslärm der Brenner-Autobahn fehlte damals noch. Ein Blätterdach spendet Schatten, dann ist Buchholz (563 m) – nomen est omen – in Sicht. Der Ort ist berühmt für seine Kastanienwälder und für die alte Mühle, die nach dem Vorbild von Dürers Aquarell restauriert wurde. Weit schweift der Blick hinauf bis zum Sauch-Pass: Übergang, aber auch Provinz- und Sprachgrenze. Hier Knödel und Speck, da Patugo (bestehend aus Kartoffeln, Bohnen, Zucchini und Wurst) und Torta di Patate. Ein Spaziergang ist es nicht da hinauf; dafür lädt oben die Sauch-Hütte (946 m) zur Marende ein, was man in Südtirol als Brotzeit mit einem Glas Wein bezeichnet. Aber das Ziel ist noch weit, je nachdem ob wir bis zum Heiligen See (1195 m), bis Cembra (667 m) oder zu den Erdpyramiden von Segonzano (660 m) weiter wollen. Wer gemütlich und mit Genuss auf historischen Pfaden wandert, der übernachtet beispielsweise am Heiligen See, um am darauf folgenden Tag ein Stück auf dem Europäischen Fernwanderweg 5 weiter zu gehen. Dann hat man Zeit, Dürers gemalte Landschaften nachzuempfinden, sei es von der Perspektive des Kirchleins San Rocco in Cembra aus oder vor Schloss Segonzano. Die berühmten Erdpyramiden dürfte auch Dürer besucht haben, denn einen dieser bis zu 50 Meter hohen Kegel hat er in der Bildmitte seines Aquarells verewigt.

info

Langer Kulturweg für ausdauernde Wanderer
Rund 1000 Höhenmeter Aufstieg,
gut 500 Höhenmeter Abstieg
Mit Kindern ab 12 Jahren

Ausgangsort: Klösterle (213 m) in St. Florian bei Laag (213 m), beides Fraktionen von Neumarkt, nördlich von Salurn

Charakter: Der Dürerweg in seiner Gesamtlänge erfordert Kondition und führt in einem abwechslungsreichen Auf und Ab durch Wälder, Obst- und Weingärten; Kombination von einsamen alpinen Steigen, Feldwegen und wenigen Teerstraßen bei den Ortsdurchquerungen

Beste Zeit: April bis Juli, September und Oktober

Gehzeiten: Für konditionsstarke Wanderer in 9–10 Stunden machbar, wer es gemütlich mag, sollte eine Übernachtung (z.B. Sauch-Hütte oder Lago Santo) einplanen.

Verlauf: Klösterle – Laag – Gfrillner Weg – Laukastal – Römerbrücke – Buchholz – Sauch-Hütte – Lago Santo/Heiliger See – Cembra – Segonzano (Erdpyramiden)

Karten: Kompass Wanderkarte 74, Tramin – Cavalese, 1:50 000; Wanderkarte der Feriendestination Castelfeder Tappeiner; bei den Verkehrsämtern ist ein kostenloses Faltblatt erhältlich

Sonstiges: • Feriendestination Castelfeder Auer – Montan – Neumarkt, Tel. 0471/810231, www.castelfeder.info, E-mail info@castelfeder.info
• Rückfahrt von Segonzano oder Cembra mit dem Bus nach Trient; dorthin muss man in jedem Fall, um die Buslinie nach San Michele oder Egna (Neumarkt) zu nehmen. Infos über die Abfahrtszeiten: Tourismusverein Pinè Cembra, Tel. 0461/557028, E-mail infopine@aptpinecembra.it; es verkehren 5–6 Busse täglich.

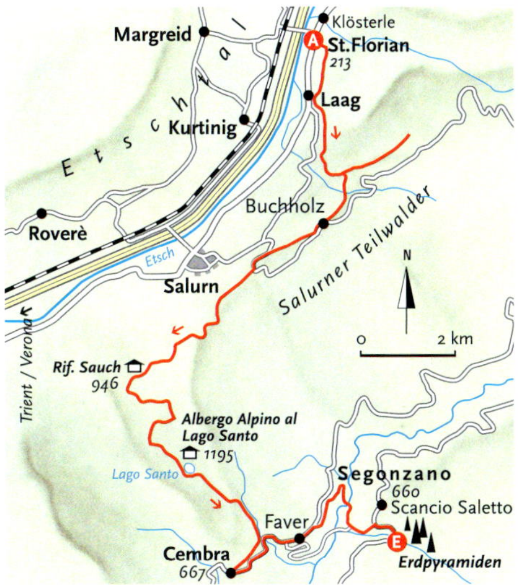

Ein Blick in die Erdgeschichte

Die Bletterbachschlucht: ein Bilderbuch der Erdgeschichte

Die Bletterbachschlucht ist eine Einkerbung in der Landschaft zwischen Radein und Aldein. Sie ist wie ein Bilderbuch der Erdgeschichte. Die Tafeln des neu angelegten »Geoweges« erklären, warum sie für Geologen etwas Besonderes ist. Einfacher formuliert es der alte Zirmerwirt von Radein:

Sie müssen sich vorstellen, die Erdkruste ist eine Torte, dann nehmen s' ein Messer und schneiden aus dieser Torte ein Stück heraus. Da können s' dann alle Schichten sehen, aus denen die Torte besteht. So ist es mit der Bletterbachschlucht.

Von Radein (1550 m) führt der Weg Nr. 4, auf dem auch der europäische Fernwanderweg E5 verläuft, nach Norden über Wiesen und durch Lärchenbäume an die Schlucht des Bletterbaches heran. Man steigt hinab und beim so genannten »Butterloch« (1554 m) erreicht man den tiefsten Punkt der Wanderung. Hier stürzt der Bach über einen Wasserfall in die Tiefe. Dann geht's aufwärts. Bald öffnet sich der Canyon, aus dem seit der Eiszeit in zigtausenden Jahren 10 Milliarden Tonnen Gestein abgetragen und ins Etschtal verfrachtet wurden. Die Durchwanderung dieser Schlucht ist ein einzigartiges Erlebnis. Drei Gesteinsschichten können beobachtet

Blick auf das Weißhorn

werden: unten der harte Porphyr, in der Mitte der Sandstein und oben der Dolomit-Kalkstein. Und wer die Augen offen hält, der kann hier auch Fossilien finden. Bei der »Gorz« (1705 m) – einem großen Felsenkessel direkt unter dem Weißhorn – endet die Schlucht. Man kann noch etwas in den Kessel hineinsteigen, bevor man seitlich den Weg (Markierung G) aus der Schlucht heraus nimmt und zu einer Wegkreuzung gelangt, zum Zirmer-Steig. Hinunter verläuft unser Rückweg zum Ausgangspunkt. Steigt man bergwärts, erreicht man nach 1–1 ½ Stunden recht steilen Weges, zuletzt über einen Grat, das Weißhorn (2313 m), einen leichten Dolomitgipfel mit einem wunderbaren Panorama.

Die Bletterbachschlucht – ein Bilderbuch der Erdgeschichte

Was sagt Ihnen der Begriff »triassische Schlotbrekzie«? Oder können Sie mit den Wortschöpfungen »Werfener Schichten« oder »Contrinkalke« vielleicht etwas anfangen. Richtig – es dreht sich um die Geologie. Was die Begriffe bedeuten … na ja, wir wollen Sie damit nicht weiter quälen. Die Theorie ist eine trockene Materie, Sie sollten lieber hinaus in die Natur gehen und die Steine anschauen, sie befühlen. Nur – um unterschiedliche Gesteinsarten zu studieren, muss man oft weite Strecken zurücklegen, zum Beispiel findet man den Kalkstein, den Dolomit oder den Grödner Sandstein in den Dolomiten, den Bozner Quarzporphyr dagegen rund um Bozen und auf dem Ritten. Es sei denn, man befindet sich an einem Ort, wo Gesteinsschichten aneinander grenzen. Wenn zudem durch einen vertikalen Schnitt in der Landschaft noch die Gesteinsschichten der vergangenen Jahrmillionen zu Tage treten, dann können Sie nur an einem Ort Südtirols sein: in der Bletterbachschlucht.

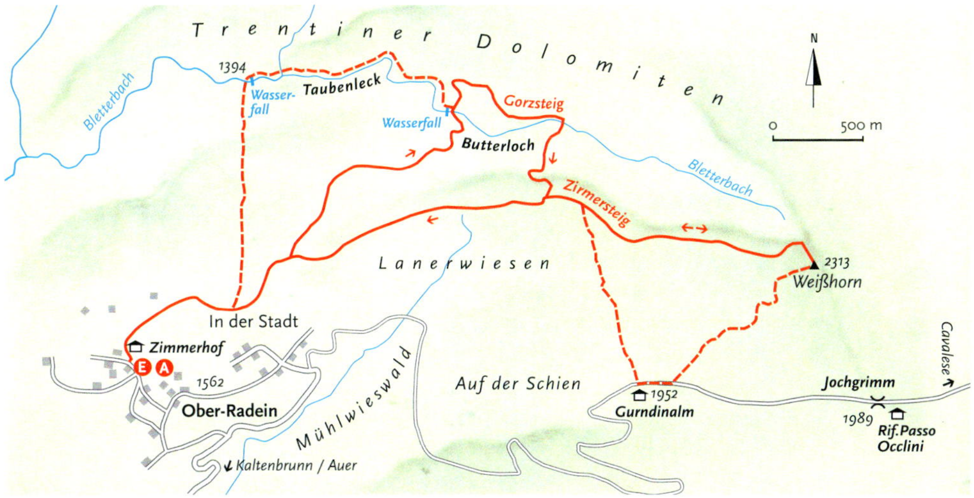

Bergtour
770 Höhenmeter
Mit Kindern ab 14 Jahren

Ausgangsort: Radein (1550 m)

Charakter: Abwechslungsreiche Rundwanderung mit vielen Variationsmöglichkeiten; zwei Passagen etwas ausgesetzt, sonst unschwierig

Beste Zeit: Frühjahr und Herbst, im Sommer ist es in der Schlucht zu heiß

Gehzeit: Aufstieg 2–3 Std., Abstieg 1 ½ Std.

Einkehr: Gurndinalm (1952 m)

Verlauf: Radein – Butterloch – Gorz – Weißhorn – Zirmersteig – Radein

Varianten: a) Wem der direkte Anstieg am Grat zum Weißhorn zu unwegsam ist, der kann über den »Neuen Weg« und die Jausenstation Gurndinalm (1952 m) über den klassischen, eher leichten Anstieg den Gipfel erreichen; ½ Std. länger
b) Man kann über den Weg Nr. 3 noch tiefer in die Schlucht (Taubenleck) absteigen, dann dem Bach aufwärts bis zum Butterloch-Wasserfall folgen und rechts des Wasserfalls über Leitern aufwärts bis zur Aussichtsplattform gehen; ½ Std. länger

Karte: Tabacco Wanderkarte 029, Schlern – Rosengarten – Latemar – Reggelberg, 1:25 000

Sonstiges • Tourismusverein Aldein-Radein, Tel. 0471/886800, www.aldein-radein.it, info@aldein-radein.it

Info!

53

Von Truden nach Altrei

Alter Verbindungsweg an der italienischen Sprachgrenze

info

Almwanderung
400 Höhenmeter Aufstieg, 300 Höhenmeter Abstieg
Mit Kindern ab 14 Jahren

Ausgangsort: Truden (1127 m)

Charakter: Schöne Bergwanderung durch Wald und über schöne Almflächen

Beste Zeit: Sommer und Herbst

Gehzeit: 2–3 Std., hin und zurück 4 Std.

Einkehr: Krabesalm (1540 m)

Verlauf: Truden – Pera Schupf – Krabesalm – Langes Moos – Altrei

Karte: Tabacco Wanderkarte 029, Schlern – Rosengarten – Latemar – Reggelberg, 1:25 000

Sonstiges: • Tourismusverein Wandergebiet Trudner Horn, Tel. 0471/869078, www.trudnerhorn.com, E-mail info@trudnerhorn.com
• Besucherzentrum Naturparkhaus Trudner Horn, Truden, Tel. 0471/869247

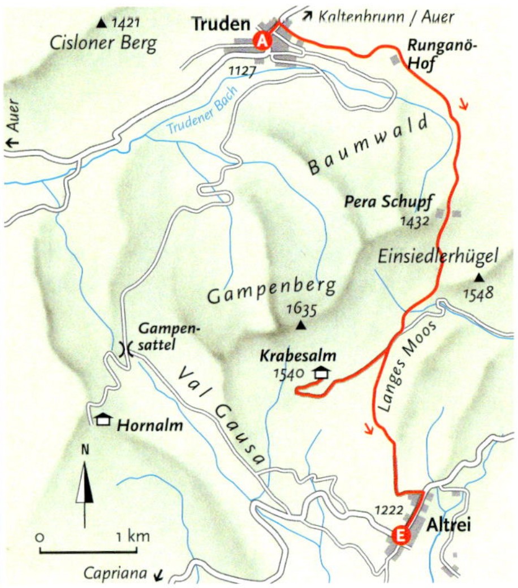

Auf dem ersten Blick wähnt man sich schon im benachbarten Trentino. Schon die Dorfansicht von Truden hat weit mehr von der typischen Bauart der Fleimstaler Ortschaften als vom eher inneralpinen Stil anderer Südtiroler Dörfer. Und das kommt nicht von ungefähr. Denn das Fleimstal ist nicht weit und die Ortschaft Truden hat eine jahrhundertealte enge Verbindung mit den italienischsprachigen Trentiner Dörfern hinter der Landesgrenze. Vor allem als die Wege noch zu Fuß oder mit Ochsenfuhrwerken zurückgelegt werden mussten, war der logische Weg der Trudner ins Tal jener in den Fleimser Hauptort Cavalese und nicht der hinunter nach Auer oder Neumarkt. Das lässt sich einfach mit der Entfernung erklären. Außerdem ist die Strecke ins Etschtal weit unwegsamer. So ist Truden als deutschsprachiger Ort bis heute Teil der so genannten »Magnifica Communità«, einer Verbindung der Fleimstaler Gemeinden, die den gemeinsamen Besitz der Talschaft – vor allem Wald – verwaltet. Der allerletzte Außenposten Südtirols in Richtung Süden hingegen ist nicht Truden, sondern Altrei, ein kleines Dorf, das mit dem Auto nur über die Provinz Trentino erreicht werden kann.

Altrei: letztes Dorf vor der deutsch-italienischen Sprachgrenze

Zu Fuß kommt man natürlich auf direktem Weg von Truden (1127 m) nach Altrei: Der alte Weg über die Krabesalm ist noch heute eine beliebte Wanderung. Oberhalb des Dorfes folgt man zunächst dem Weg zum Runganö-Hof. Dort beginnt der Forstweg, von dem bald ein schmaler alter Hohlweg (Markierung 5) abzweigt. Dem folgt man durch lichte Lärchenwiesen und Bergmähder recht steil hinauf bis auf die Pera Schupf (1432 m), eine hübsche Almwiese mit einem kleinen Weiher. In gut 1 ½ Std. erreicht man schließlich die Krabesalm (1540 m), ein beliebtes Ausflugsziel in der Gegend mit einer typischen Küche – je nach Saison auch mit leckeren Pilzgerichten. Etwas unterhalb der Almböden der Krabesalm weiter Richtung Altrei befindet sich das Lange Moos (1450 m), eines der schönsten Hochmoore Südtirols. Von dort geht es über einen schönen, alten Pflasterweg weiter entlang der Markierung Nr. 5 durch Wiesen, Weiden und Wälder ins Dorfzentrum von Altrei (1222 m). Zurück auf demselben Weg oder mit dem Bus.

Südtirols südlichster Naturpark

Der Naturpark Trudner Horn ist ein waldreicher Höhenrücken zwischen Etsch und Fleimstal. Mehrere Hochmoore und kleine Seen bergen eine einzigartige Flora und Fauna, über die man sich im Naturparkhaus in Truden informieren kann. Auf der dem Fleimstal zugewandten Südseite gibt es sonnige Almflächen mit einer Aussicht, die von den Ötztalern über den Schlern bis zur Pala und den Bergen der Lagoraigruppe reicht.

Intakte Kulturlandschaft im Berggebiet des Südtiroler Unterlandes

Zum Tretsee am Deutschnonsberg

Deutsche Sprachinsel in der Val di Non

info

Bergwanderung
260 Höhenmeter Aufstieg, 550 Höhenmeter Abstieg
Mit Kindern ab 10 Jahren

Ausgangsort: Gampenpass (1518 m)

Charakter: Gemütliche Wanderung mit schönen Aussichtspunkten

Beste Zeit: Frühsommer bis Spätherbst

Gehzeit: 1 ½ Std. Aufstieg, 3 ½ Std. Abstieg

Einkehr: Felixer Alm (1605 m); Gasthaus Waldruhe (1604 m) am Weiher

Verlauf: Gampenpass – Schöneck – Felixer Alm – Felixer Weiher (Tretsee) – St. Felix

Karte: Tabacco Wanderkarte 042, Ultental, 1:25 000

Sonstiges: • Tourismusverein Ultental Deutschnonsberg, Tel. 0473/795049, www.ultental.it, E-mail info@ultental.it

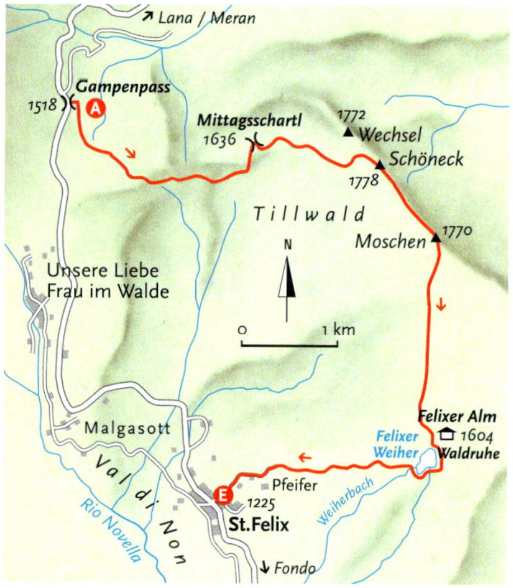

Der Gampenpass ist die einzige direkte Verbindung der Deutschnonsberger Dörfer Unsere Liebe Frau und St. Felix mit dem Rest Südtirols. Nach Süden, sozusagen bergab, geht es ins Trentino, in die Nachbarprovinz. Über den Pass geht es in Ultental hinüber und dann weiter ins Etschtal hinab. Von Lana erreicht man den Gampenpass eigentlich schnell und unproblematisch. Viele Berg- und Wandertouren starten hier, zum Beispiel die eher leichte Hochtour auf den Laugenspitz, den markantesten Gipfel in der Gegend mit bestem Panorama.
Wer es gemütlicher mag, der kann die gute Aussicht auch vom Schöneck genießen. Man erreicht hier auf einem alten Wanderweg einen Aussichtspunkt, der – wie der Name schon verspricht – einen fantastischen Blick über das Etschtal, den Salten und natürlich weiter dahinter die Dolomiten bietet. Man folgt vom Gampenpass (1518 m) zunächst der Markierung 52, dann der Markierung 50 und erreicht bald das so genannte Mittagsschartl (1636 m) mit einem ersten Tiefblick ins Etschtal. Bald danach kommt man auch schon auf den markanten Aussichtspunkt Schöneck (1778 m). Gerade 200 Höhenmeter hat man dann in 1 ½–2 Std. Wanderung, vor allem durch Wald, überwunden. Von hier aus sieht man schön die Gebirgskette, die die tiefe Ultner Taleinkerbung von der eher lieblichen Nonsberger Hochfläche trennt.

Die Nonsberger hatten schon immer eine enge Beziehung nach Ulten. Früher vor allem durch die Märkte. Die Ultner hingegen haben vor allem geistlichen Beistand auf der Hochfläche gesucht: Ist doch Unsere Liebe Frau im Walde ein beliebter Wallfahrtsort.

Sepp Mazol, der hier öfters Wanderungen für den Tourismusverein führt

Vom Schöneck wendet man sich nach Süden und wandert bergab über die Felixer Alm (1605 m) in Richtung Felixer Weiher (1604 m) oder auch Tretsee genannt. Ein lieblicher See, der sich in die Hochfläche wie ein blaues Auge einfügt. Der kleine See ist im Sommer ein beliebtes Ausflugsziel und in der wärmsten Zeit kann man darin auch baden. Nach insgesamt weiteren 2 Stunden erreicht man schließlich St. Felix (1225 m). Von hier geht's mit dem Bus zurück auf den Gampenpass.

Deutschnonsberg

Das Nonstal, die Val di Non, ist ein breites Trentiner Bergtal, das gleich hinter der Salurner Klause parallel zum Etschtal nach Norden zieht. Fährt man vom Überetscher Dorf Eppan aus über den Mendelpass (1363 m) kommt man auch auf den Nonsberg, auf die

54

Für viele ein beliebtes Ausflugsziel: der Felixer Weiher

Alta Val di Non nach Ronzone und Fondo und weiter nach St. Felix und Unsere Liebe Frau im Walde, die deutschen Gemeinden des Nonsberges. Von dort führt die Straße weiter über den Gampenpass hinunter nach Lana im Burggrafenamt, also nördlich von Bozen. Der Vollständigkeit halber seien noch Laurein und Proveis genannt, die vom Ultental her erreichbar sind. Geografisch gehören die deutschen Gemeinden zum Trentino, politisch sind sie Teil der autonomen Provinz Bozen, also Südtirols.

Von Margreid auf den Fennberg

Steil bergan im Weinland

Warum sollte man beim Wandern nicht vom Wein reden? Vor allem dann, wenn die Wege zunächst durch die fast schon toskanisch anmutenden Hänge des Weindorfes Margreid (226 m) führen und schließlich dort enden, wo in den höchstgelegenen Weinbergen Südtirols noch ein Spitzentropfen gekeltert wird: auf dem Fennberg in gut 1000 Metern Meereshöhe. Dass dies überhaupt möglich ist, bedingt ein außergewöhnliches Mikroklima auf der Sonnenterrasse weit oberhalb des Etschtales.

Seltene Pflanzenwelt in den Biotopen am Fennberg

Und dieser Wein – ein Müller-Thurgau – muss natürlich auch einen prestigeträchtigen Namen tragen: Er ist benannt nach dem historischen K.u.K.-Feldmarschall Fenner von Fennberg, der hier lebte.

Eine Wanderung also auf den Spuren des edlen Rebensaftes. Sind die Weinreben am Fennberg nur noch nach längerer Suche zu finden, so ist Margreid herunten im Etschtal ein regelrechtes Weindorf. Margreid liegt auf knapp über 200 Metern Meereshöhe, Fennberg auf über 1000. Man muss also einiges an Höhe überwinden, zunächst auf einer schmalen Asphaltstraße durch die Weinberge hinauf auf eine Anhöhe, von der der Weg hoch oben auf einem Hang in die Fenner Schlucht (Markierung 3) hineinführt. Am Ende der Weinberge ist ein kleiner Parkplatz, etwas kann man den Aufstieg also auch durch eine kurze Autofahrt verkürzen. Von hier geht es zunächst eine gute halbe Stunde steil bis in die obere Talsenke der Schlucht hinauf. Bereits am frühen Vormittag liegt der Weg in der prallen Sonne. Ein früher Beginn der Wanderung ist also empfehlenswert.
Weit oberhalb von Margreid quert man schließlich die wilde Schlucht. Man mag kaum glauben, dass sich das Rinnsal, das man überschreitet, in einen reißenden Wildbach verwandeln kann. Aber die massive Wildbachverbauung ist dafür stummer

Nur mit Seil und Helm: der Fennberger Klettersteig mit einem einmaligen Tiefblick ins Etschtal

Lustwandeln im Schatten historischer Ansitze

Das malerische Dorf Margreid liegt inmitten von Obst- und Weingärten, direkt an der Mündung einer wilden Schlucht auf dem flachen Schwemmkegel des Fenner Baches. Wenn man Zeit hat, lohnt sich auf jeden Fall ein Spaziergang durch die engen Gassen mit den vielen historischen Gebäuden und Ansitzen. Anders als in Eppan oder Kaltern stößt man hier noch auf ein sehr ursprüngliches Dorfbild, die Architektur zeigt einen unverkennbaren südlichen Stileinfluss: der steinerne Dorfbrunnen, die Häuser mit alten Erkern und schönen schmiedeisernen Gittern oder die typischen natursteingerahmten Fenster und Torbögen. In der Grafengasse beim Augustin-Haus trägt die älteste datierte Hausrebe Südtirols (1601) noch immer Früchte.

Zeuge. Dort wo man dann den Bach überschreitet und der Schotterweg beginnt, nimmt auch die Steigung etwas ab. Die Höhe hat man schließlich bei der kleinen Kirche Maria im Schnee erreicht. Fast unmerklich hat sich auch die Vegetation verändert. War zunächst noch der karge Laubwald mit wenigen mediterranen Nadelgewächsen dominierend, wandern wir nun auf fast ebenem Weg durch dunkelgrünen saftigen Hochwald sehr idyllisch bis zum Gasthaus Plattenhof (1090 m) und von dort weiter zum Feuchtbiotop Fenner See und zur Kirche, die sich lieblich in die Hochfläche einbettet.

info

Bergwanderung
800 Höhenmeter
Mit Kindern ab 14 Jahren

Ausgangsort: Margreid (226 m)

Charakter: Anfangs steiler Aufstieg zunächst noch über eine Teerstraße. Nachdem man die Schlucht überquert hat, geht es dann etwas gemütlicher, zum Teil durch Wald, weiter.

Beste Zeit: Frühjahr und Herbst, im Sommer zu heiß

Gehzeit: 3 ½ Std. Aufstieg, 2 ½ Abstieg

Einkehr: Gasthaus Plattenhof (1090 m); Gasthaus zur Kirche (1090 m); beide in Fennberg

Verlauf: Margreid – Fenner Schlucht – Unterfennberg – Fenner Schlucht – Margreid

Variante: Der Abstieg ist auch über den Römerweg (Markierung 2) und das Gasthaus Boarenwald möglich. Der Steig mit der Markierung 7 kurz nach dem Gasthaus führt wieder zurück auf die Teerstraße etwas oberhalb des Parkplatzes.

Karte: Kompass Wanderkarte 74, Tramin, 1:50 000

Sonstiges: • Tourismusverein Südtiroler Unterland, Tel. 0471/817292, www.suedtiroler-unterland.it, E-mail info@suedtiroler-unterland.it
• Fennberg ist Ausgangspunkt für viele schöne leichtere Bergtouren. Mit dem Auto ist es nur in einer langen Fahrt auf der schmalen kurvenreiche Straße von Kurtatsch aus zu erreichen.
• Für Klettersteiggeher ist der Fennberger Klettersteig (Markierung K) zu empfehlen. Der gesicherte Steig führt direkt in den Felswänden mit einmaligem Tiefblick hinauf nach Unterfennberg (Einstieg direkt an der Straße, die von Margreid südwärts führt).

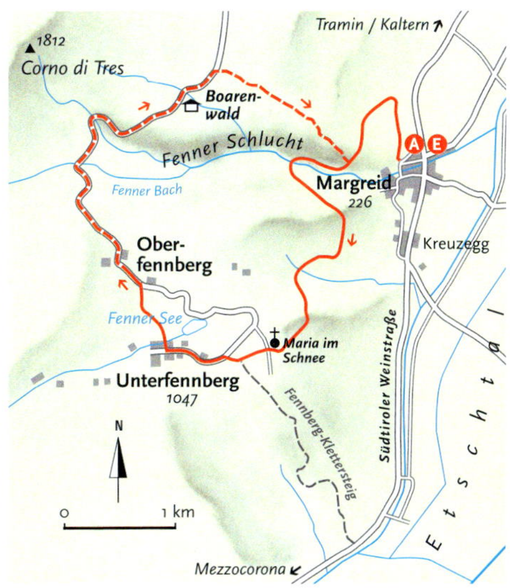

Register

Die Autoren

sind seit mehreren Jahren als Journalisten für den Bayerischen Rundfunk tätig. Sie kennen Südtirol sehr gut und haben jede vorgestellte Tour extra für dieses Buch auf einer Wanderung überprüft.

Verwendete Literatur

Asche, Roswitha / Ernst-Detlef-Schulze: Die Ragginer – 200 Jahre Volksmedizin in Südtirol. Verlag Dr. Friedrich Pfeil, München 1996.

Kühn, Dieter: Ich, Wolkenstein. Fischer Taschenbuch Verlag, Frankfurt 1996.

Adressen & Tipps

Notruf

112 ist die Nummer der Carabinieri
113 die von Polizei und Notarzt
116 gehört zum Abschleppdienst des italienischen Automobilclubs ACI

Der ADAC hat in Italien eine eigene Notrufnummer: 02 66/15 91.

Öffentliche Verkehrsmittel

Die Ferrovia Statale, die italienische Eisenbahn, genießt nicht gerade einen exzellenten Ruf. Das stimmt insofern, als die Zugverbindungen in der Provinz nicht üppig sind, was auch für Südtirol zutrifft. Allerdings sind die Tickets im Vergleich zu Deutschland ziemlich billig. Und auf der Nord-Süd-Strecke zwischen Brenner und Bozen verkehren sehr viele Züge.
Besser ist das Bus-Angebot in ländlichen Regionen. Die SAD und lokale Busunternehmer bedienen auch die entlegensten Bergdörfer.

Tanken

Die Zeiten, in denen der Treibstoff in Italien erheblich teurer als in Deutschland oder Österreich war, sind momentan Vergangenheit. Zu beachten ist allerdings, dass viele Tankstellen über Mittag schließen und auf dem Land am Wochenende ebenfalls viele Zapfsäulen ruhen. Allenfalls einige SB-Tankstellen sind in Betrieb. Man sollte bei Ausflügen in die Bergtäler vorher tanken.

Telefonieren

Die Ländervorwahl ist 0039. Zwei wichtige Unterschiede gibt es beim Telefonieren. Einmal müssen Ortsvorwahlen immer mit der 0 gewählt werden. Auch innerorts ist die Vorwahl (wie zum Beispiel 0471 für Bozen und Umgebung) notwendig. Und für Handynummern fällt die 0 ganz weg. Und zwar auch aus dem Ausland. Typische Handyvorwahlen sind 348, 333 oder 335.
Wer von Italien ins Ausland telefoniert, wählt für Deutschland 0049, für Österreich 0043 und für die Schweiz 0041.

Tourismusinfo

Touristische Informationen über Südtirol gibt es bei der Südtirol Marketing Gesellschaft SMG in Bozen unter der Telefonnummer 0471/999888 oder auf deren Website www.suedtirol.info

Verkehr

Außerhalb der Ortschaften und auf Autobahnen muss man auch tagsüber mit Abblendlicht fahren. Zu beachten ist außerdem, dass es auf der Brenner-Autobahn ein Überholverbot nicht nur für LKWs, sondern auch für Wohnwagengespanne gibt. Und die Tempolimits werden mittlerweile relativ gründlich kontrolliert (vor allem auf Hauptverkehrsstrecken) und die Strafen sind drastisch.
Vor Mautstellen sollte man keinesfalls rückwärts rangieren, wenn man versehentlich in die falsche Bucht eingefahren ist. Das wird streng bestraft. Nicht ganz so teuer, aber ebenfalls verboten ist es natürlich, ohne Freisprechanlage im Auto zu telefonieren.

Wetter

Wettervorhersagen findet man auf der Website www.suedtirol.info oder noch besser auf www.provinz.bz.it/wetter direkt beim Wetterdienst oder unter der Telefonnummer 0471/271177.

Bildnachweis

Artivity: S. 125
Bihler, Florian: S. 49, 60, 69, 72/73
Bodini, Gianni: S. 55, 106, 108, 109, 119, 122
Clara, Diego: S. 74, 76, 77, 81, 82, 83, 84
Fotoarchiv.it: S. 54
Frühbeis, Stefan: S. 100, 107, 115, 130, 131
Hainz, Thomas: S. 116, 120, 121
Klier, Walter: S. 123, 126
Planinschek, Freddy: S. 80
Radehose, Eckehard: S. 32/33, 51, 86, 87, 140, 141
Schnürer, Sepp: S. 56, 57, 61, 136, 137
Tappeiner AG: S. 139
TVB Alta Badia: S. 75, 79, 85
TV Eisacktal: S. 13, 14, 15
TV Eppan: S. 68, 128/129
TV Gsieser Tal-Welsberg-Taisten: S. 40, 41
TV Hafling: S. 114
TV Hochpustertal: S. 34, 36, 37, 38, 39, 43, 44, 45, 46, 47, 48, 88, 89, 90, 94, 95
TVB Nauders: S. 99
TV Olang: S. 8
TV Reschenpass: S. 98
TV St. Vigil: S. 35
TV Vinschgau: S. 127
Vogt, Ernst: S. 96/97, 104, 105, 111, 112, 113, 132, 133
Wagner, Ulrich: S. 58, 59, 70, 71, 117, 124, 134, 135
Waldner, Franz: S. 102, 103
Wickenburg, Markus: S. 101
Zinnecker, Andrea S.2/3, 10/11, 16, 17, 18, 19, 20, 21, 22, 23, 24, 25, 26, 27, 29, 30, 31, 52/53, 62, 63, 64, 65, 66, 67

Abb. S 2/3: Abstieg von der Tschafonhütte (Tour 24), Brandlöschweiher
Abb. S. 8: Kirche in Olang
Abb. S. 9: Weißkugel
Abb. S. 10/11: Geislerspitzen
Abb. S. 32/33: Bergbauernhöfe bei Kasern mit Birnlücke im Hintergrund
Abb. S. 52/53: Vajolett-Türme und Rosengartenspitze
Abb. S. 72/73: Drei Zinnen
Abb. S. 96/97: Schloss Juval
Abb. S. 128/129: Burg Eppan

Bibliographische Information der Deutschen Bibliothek

Die Deutsche Bibliothek verzeichnet diese Publikation in der Deutschen Nationalbibliographie; detaillierte bibliographische Daten sind im Internet über http://dnb.ddb.de abrufbar.

BLV Verlagsgesellschaft mbH
München Wien Zürich
80797 München

© 2004 BLV Verlagsgesellschaft mbH, München

Das Werk einschließlich aller seiner Teile ist urheberrechtlich geschützt. Jede Verwertung außerhalb der engen Grenzen des Urheberrechtsgesetzes ist ohne Zustimmung des Verlags unzulässig und strafbar. Das gilt insbesondere für Vervielfältigungen, Übersetzungen, Mikroverfilmungen und die Einspeicherung und Verarbeitung in elektronischen Systemen.

Umschlaggestaltung: Sabine Fuchs, Riemerling
Umschlagfotos: Hintergrundmotiv »Himmel«: Ulrika Schanz
Einklinker Umschlagvorderseite: Bernd Ritschel
Umschlagrückseite: Foto links Andrea Zinnecker, Mitte TV Hochpustertal, rechts TV Eisacktal
Lektorat: Barbara Wickenburg, Murnau; Manuela Stern
Herstellung: Angelika Tröger
Layoutkonzept Innenteil: Sabine Fuchs, Riemerling
Karten: Eckehard Radehose, Schliersee

Layout und Satz: Uhl + Massopust GmbH, Aalen
Gedruckt auf chlorfrei gebleichtem Papier

Printed and bound in Germany
ISBN 3-405-16628-4

Hinweis

Das vorliegende Buch wurde sorgfältig erarbeitet. Dennoch erfolgen alle Angaben ohne Gewähr. Weder Autoren noch Verlag können für eventuelle Nachteile oder Schäden, die aus den im Buch vorgestellten Informationen resultieren, eine Haftung übernehmen.

Unterwegs in den Bergen

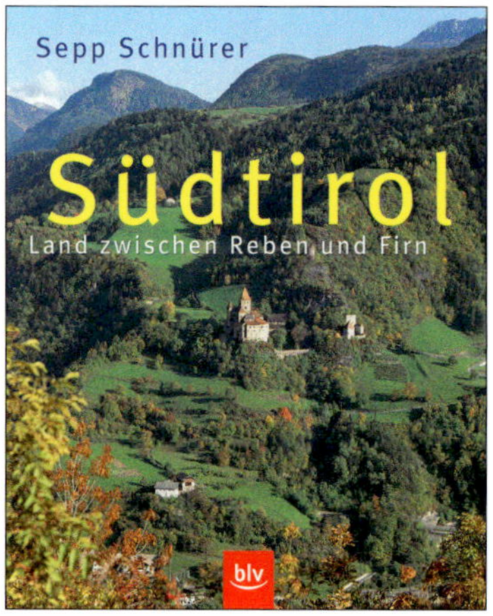

Sepp Schnürer
Südtirol
Der einzigartiger Bildband mit Informationen zu allen landschaftlichen, geschichtlichen und kulturellen Aspekten Südtirols.

BLV Sportpraxis Top
Stefan Winter
Richtig Hochtouren
Ausrüstung, Bewegungs- und Sicherungstechnik, Tourenplanung, Erste Hilfe, Orientierung, Training.

Pascal Sombardier
Die Klettersteige der Dolomiten
Die 50 schönsten Eisenrouten in den Dolomiten und rund um den Gardasee; Beschreibung jeder Tour: An- und Abstieg mit großformatigen Fotos und Routenskizze; Kurzinfos zu jeder Tour: Ziel, Ausgangspunkt, Weglänge, Höhenunterschiede usw.

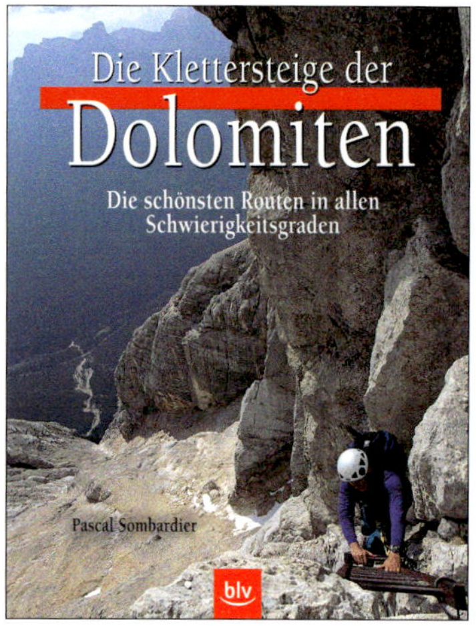

Michael Hoffmann
Lawinengefahr
Lebenswichtiges Know-how im Gebirge: Schneebretter – Risiken erkennen, Entscheidungen treffen; mit 100 Praxistipps.

Michael Sachweh
Bergwetter für Sport und Freizeit
Alles über Wetter und Klima der Gebirgsregionen für Wanderer, Bergsteiger, Kletterer, Mountainbiker, Skifahrer und Snowboarder, Segel- und Drachenflieger, Paraglider, Ballonfahrer, Segler, Surfer.

Sepp Schnürer
Dolomiten
Faszination Dolomiten: das ideale Geschenkbuch für alle Bergfreunde und Dolomiten-Besucher mit brillanten Farbfotos – zum Schauen, Genießen und dank der Touristik-Tipps auch für die Urlaubsplanung.

Olaf Perwitzschky
Klettern
Das umfassende Praxisbuch für Einsteiger, Genusskletterer und Fortgeschrittene: Grundtechniken des Kletterns, Sicherungstechnik, Ausrüstung, Toprope-Klettern, Klettern im Vorstieg, Abseilen, Mehrseillängen-Klettern, Bouldern, Eisklettern, Klettern mit Kindern.

Sepp Schnürer
Im Herzen der Alpen
Die faszinierende Bergwelt der Zentralalpen mit brillanten Fotos: Fels, Gletscher, Eis, Urgestein und über 3000 Meter hohe Gipfel – aber auch beschauliche Täler, romantische Seen, die schönsten Höhenwege und Hütten.

BLV Sportpraxis Top
Stefan Winter
Richtig Bergsteigen
Für Wanderer, Bergsteiger und Klettersteiggeher: Ausrüstung, Technik, Taktik und Tipps; Tourenplanung, Sicherung, Sicherheit, Erste Hilfe und Unfallmanagement, Orientierung, Training.

Im BLV Verlag finden Sie Bücher zu den Themen: Garten und Zimmerpflanzen • Natur • Heimtiere • Jagd und Angeln • Pferde und Reiten • Sport und Fitness • Wandern und Alpinismus • Essen und Trinken

blv

Ausführliche Informationen erhalten Sie bei:

BLV Verlagsgesellschaft mbH • Postfach 40 03 20 • 80703 München
Tel. 089/12705-0 • Fax 089/12705-543 • http://www.blv.de